ENGLISH FAIRY·TALES

RETOLD·BY·FLORA·ANNIE·STEEL

ILLUSTRATED·BY
ARTHUR·RACKHAM

夜ふけに読みたい

不思議なイギリスのおとぎ話

吉澤康子+和爾桃子 編訳　アーサー・ラッカム 挿絵

平凡社

夜ふけに読みたい 不思議なイギリスのおとぎ話

目次

＊残酷シーンなど、配慮が必要なお話には☆をつけています

ねこたちの自己紹介《じこしょうかい》

チェシャ

こんにちは！　チェシャといいます。

この本の挿絵《さしえ》を描《か》いたラッカムさんの飼《か》いねこです。

日本はねこにやさしい人が多いから、ぼくたちが本の紹介《しょうかい》をするように言われてきました。

よろしくお願いします。

チェッコ

同じく、チェッコです。

本名《ほんみょう》もちゃんとあるんだけど、チェシャは『不思議の国のアリス』のチェシャ猫《ねこ》のモデルになったのが自慢《じまん》なの。

ぼくは別の作品から名前を借りてきました。どうぞよろしく。日本のねこにはあまり知り合いがいなくて。でも、夏目《なつめ》漱石《そうせき》さんちのねこくんなら年も近いよ。「わがはい」なんて言うから、初めはびっくりしちゃったけど。

チェシャ

この本には二通りのお話が入っています。大人向けと子ども向けです。

わかりやすいように、ぼくたちが手分けして目次にしるしをつけておきました。大人向けにはチェシャの、子ども向けにはチェッコのしるしがついています。

チェッコ

イギリスの子どもたちは昔話を読み聞かせてもらったり、自分で声に出して読むのが大好き。そうやって大人になったら、こんどは自分の子どもたちに話して聞かせてあげるの。長い冬は暖炉《だんろ》のそばでお話を聞かせてもらうひとときがすごく楽しい。

チェシャ

だから、みなさんも声に出して読んでみてください。目次に、しるしが一個《こ》から三個《こ》までついています。数が少ないほど、簡単《かんたん》で読みやすいです。

チェッコ

もちろん、黙《だま》って読んでも大丈夫《だいじょうぶ》。楽しんでね。

❶あれあれおたすけ
❷三びきの熊の話
❸トム・ティット・トット
❹三枚の羽根
❺金のまり
❻ジャックと豆の木
❼ねこっ皮
❽三びきの子豚
❾ノロウェイの黒牛
❿めんどりペニー
⓫井戸の三つの首
⓬フォックス氏の城
⓭おちびのスコーン
⓮赤ずきんちゃん
⓯妖精王の黒い塔
⓰おばあさんとお化け
⓱イグサのずきん
⓲ロバとテーブルと棍棒
⓳バラの木
ノルウェー ❾⓮
スコットランド ⓬⓭⓯
デンマーク ❿
イギリス
❺ヨーク
❶❷❸❹❼❽⓰⓲⓳
イングランド
⓱サフォーク地方
ウェセックス地方 ❻
⓫エセックス地方
コルチェスター
ロンドン
物語のふるさと

アーサー・ラッカム　1867-1939
（右がチェシャ、左がチェッコ）

アーサー・ラッカム＝挿絵
谷澤茜＝カットイラスト

あれあれおたすけ

人から聞いた話でね、おばあさんがおりました
市の立つ日に卵《たまご》を売りに行き
日がな一日、市場で売り子
あとは街道《かいどう》でひと眠《ねむ》り

そこへ通りすがりの行商人、その名もスタウト
いたずらして、おばあさんのペチコートを切《き》り刻《きざ》む
膝《ひざ》の上までずたずたぼろぼろ
おかげでおばあさんは寒くて凍《こご》えそう

いざ目が覚めてみれば、おばあさん

やたらと冷えてかなわん、がたがたぶるぶる
もう心配になって思わず声を出す
「あれあれおたすけ！　こんな格好《かっこう》、あたしじゃないよ！」

「だけど、もしもあたしだとすりゃ、そうであってほしいけど、
うちで飼《か》ってる小犬なら、絶対《ぜったい》あたしを見分けてくれる
あたしが本物のあたしなら、かわいいしっぽをふりふりし
あたしがあたしでないのなら、ワンワンキャンキャン騒《さわ》ぐだろ」

帰りつく頃《ころ》には、あたりはまっくら
お留守番《るすばん》の小犬が出てきて、鳴くわ吠《ほ》えるわ大騒《おおさわ》ぎ
おばあさんは涙《なみだ》ながらに言ったとさ――
「あれあれおたすけ！　あたしゃ、あたしじゃないのかい！」

三びきの熊《くま》の話

むかしむかし、三びきの熊《くま》が、森のなかの家でなかよく暮《く》らしていました。一ぴきは小さなちび熊《くま》、もう一ぴきは中ぐらいの中熊《ちゅうくま》、残りの一ぴきは大きなでか熊《くま》です。三びきにはそれぞれ、おかゆ用のおわんがありました。小さなちび熊《くま》には小さなおわん、中ぐらいの中熊《ちゅうくま》には中ぐらいのおわん、大きなでか熊《くま》には大きなおわんです。それから、三びきにはそれぞれ、座《すわ》る椅子《いす》がありました。小さなちび熊には小さな椅子《いす》、中ぐらいの中熊《ちゅうくま》には中ぐらいの椅子《いす》、大きなでか熊《くま》には大きな椅子《いす》です。それから、それから、三びきにはそれぞれ、寝《ね》るベッドがありました。小さなちび熊《くま》には小さなベッド、中ぐらいの中熊《ちゅうくま》には中ぐらいのベッド、大きなでか熊《くま》には大きなベッドです。

ある日、熊《くま》たちは朝ごはんにおかゆを作って、めいめいのおわんに入れると、冷めるまで森へ散歩に出かけました。できたてをあわてて食べて、口をやけどしてしまうといけないからです。三びきはきちんとした育ちのよい熊《くま》だったのですよ。さて、熊《くま》たちが家を留守《るす》にしていたころ、森の反対側に住んでいる金髪《きんぱつ》まき毛ちゃんという小さい女の子が、母さんにお使いを頼《たの》まれて、熊《くま》の家のそばを通りかかり、窓《まど》からのぞきこみました。そのあと、鍵穴《かぎあな》からこっそりとなかを盗《ぬす》み見《み》しました。この小さい女の子は、ちっとも育ちがよくなかったのですね。そして、家にだれもいないとわかるや、かけ金を持ちあげました。ドアに鍵《かぎ》はかかっていませんでした。熊《くま》たちはよい熊《くま》で、だれかに悪さなどしませんでしたから、だれかに悪さをされるなんて、思ったこともなかったのです。そこで、金髪《きんぱつ》まき毛ちゃんはドアをあけて家へ入ると、テーブルにおかゆがのっているのを見て、大喜び。育ちのよい小さい女の子だったら、熊《くま》たちが帰ってくるまで待っていたことでしょう。そうすれば、きっと熊《くま》たちは、朝ごはんをいっしょにどうぞ、とすすめたに違《ちが》いありません。だって、よい熊《くま》なんですから。まあ、熊《くま》は熊《くま》なので、ちょびっと乱暴《らんぼう》なところはありますが、それでもいたって気がよくて、思いやりがあって、心が広かったのです。けれど、小さい女の子はずうずうしくて無作法だったので、勝手に食べることにしました。

まずは、大きなでか熊《くま》のおかゆを口に入れましたが、これは熱いのなんの。次に、中ぐらいの中熊《ちゅうくま》のおかゆを口に入れましたが、これは冷たいのなんの。そのあと、小さなちび熊《くま》のおかゆのところへ行って、口に入れてみると、熱くもなく冷たくもなく、ちょうどいいあんばいだったので、少しも残さず、ぺろりと平らげてしまいました！

ところで、金髪《きんぱつ》まき毛ちゃんは疲《つか》れていました。お使いに行かず、蝶々《ちょうちょう》を追いかけまわしていたからです。そこで、大きなでか熊《くま》の椅子《いす》に座《すわ》りましたが、固いのなんの。次に、中ぐらいの中熊《ちゅうくま》の椅子《いす》に座《すわ》りましたが、柔《やわ》らかいのなんの。けれど、小さなちび熊《くま》の椅子《いす》に座《すわ》ると、固くも柔《やわ》らかくもなく、ちょうどいいあんばいでした。というわけで、そこに座《すわ》ったところ、まもなく底が抜《ぬ》けて、女の子はどさっと床《ゆか》に落ちてしまいました。そのせいで、ひどく機嫌《きげん》が悪くなったのですが、それは小さい女の子が怒《おこ》りっぽかったからです。

こんどこそゆっくり休むつもりで、金髪《きんぱつ》まき毛ちゃんは二階へ行き、三びきの熊《くま》が寝《ね》る部屋に入りました。まずは、大きなでか熊《くま》のベッドに横たわりましたが、頭のあたりが高いのなんの。次に、中ぐらいの中熊《ちゅうくま》のベッドに横たわりましたが、足のあたりが高いのなんの。そのあと、小さなちび熊《くま》のベッドに横たわると、頭のあたりも足のあたりも高くなくて、ちょうどいいあんばいです。そこで、気持ちよく布団《ふとん》にくるまっているうちに、眠《ねむ》ってしまいました。

そのころ、三びきの熊《くま》は、そろそろおかゆが冷めて食べごろになっただろうと思いましたので、家へ帰って朝食にすることにしました。ところが、うっかり者の金《きん》髪《ぱつ》まき毛ちゃんは、大きなでか熊《くま》のスプーンをおかゆにつっこんだままにしていたのです。

「だれかがおれのおかゆを食べたぞ!」

と、大きなでか熊《くま》が大きながらがら声でがなりました。

次に、中ぐらいの中熊《ちゆうくま》が自分のおかゆを見ると、やはりスプーンがつっこんであります。

「だれかがわたしのおかゆを食べたわ!」

と、中ぐらいの中熊《ちゆうくま》が中ぐらいの声でいいました。

次に、小さなちび熊《くま》が自分のを見ると、おかゆのおわんにスプーンがつっこんであるばかりか、おかゆはなんとすっからかん！

「だれかがぼくのおかゆを食べて、なんにも残ってないよ！」

と、小さなちび熊《くま》が小さなかぼそい声でつぶやきました。

そんなわけで、三びきの熊《くま》は、だれかがこの家に入り、小さなちび熊《くま》の朝ごはんを平らげてしまったとわかりましたので、家のなかを探《さが》しはじめました。ところが、うっかり者の金髪《きんぱつ》まき毛ちゃんは、大きなでか熊《くま》の椅子《いす》から立ちあがったとき、固いクッションをまっすぐに直していなかったのです。

「だれかがおれの椅子《いす》に座《すわ》ったぞ！」

と、大きなでか熊《くま》が大きながらがら声でがなりました。

それから、うっかり屋の金髪《きんぱつ》まき毛ちゃんは、中ぐらいの中熊《ちゅうくま》の柔《やわ》らかいクッションをつぶれたままにしていたのです。

「だれかがわたしの椅子《いす》に座《すわ》ったわ！」

と、中ぐらいの中熊《ちゅうくま》が中ぐらいの声でいいました。

「だれかがぼくの椅子《いす》に座《すわ》ったよ、底が抜《ぬ》けちゃってる！」

と、小さなちび熊《くま》が小さなかぼそい声でつぶやきました。

いよいよ、三びきの熊《くま》は、泥棒《どろぼう》の仕業《しわざ》かもしれないから、もっとよく調べたほうがいいと思い、二階の寝室《しんしつ》へ行きました。ところが、金髪《きんぱつ》まき毛ちゃんは大きなでか熊《くま》の枕《まくら》をずれたままにしていたのです。

「だれかがおれのベッドに寝《ね》たぞ！」

と、大きなでか熊《くま》が大きながらがら声でがなりました。

それから、金髪《きんぱつ》まき毛ちゃんは中ぐらいの中熊《ちゅうくま》の長枕《ながまくら》をずれたままにしていたのです。

「だれかがわたしのベッドに寝《ね》たわ！」

と、中ぐらいの中熊《ちゆうくま》が中ぐらいの声でいいました。

けれど、小さなちび熊《くま》が自分のベッドを見にいくと、長枕《ながまくら》はちゃんと元の場所にありました！

それから、長枕《ながまくら》の上には枕《まくら》がちゃんとありました！

それから、枕《まくら》の上には――？

金髪《きんぱつ》まき毛ちゃんの金髪《きんぱつ》の頭があったのです――あるはずのない物が。だって、金髪《きんぱつ》まき毛ちゃんはそこにいてはいけないのですからね。

「だれかがぼくのベッドに寝《ね》たよ――それに、まだいる！」

と、小さなちび熊《くま》は小さなかぼそい声でつぶやきました。

さて、寝《ね》ている金髪《きんぱつ》まき毛ちゃんは、大きなでか熊《くま》の大きながなり声を聞きましたが、それはもうぐっすり眠《ねむ》っていたので、風がびゅうびゅうなる音か、雷《かみなり》がごろごろ鳴る音だろうと思っただけでした。それから、中ぐらいの中熊《ちゅうくま》の中ぐらいの声を聞きましたが、夢《ゆめ》のなかでだれかがしゃべっているんだろうと思っただけでした。けれど、小さなちび熊《くま》の小さなかぼそい声を聞いたとき、それはとてもはっきりした、とても甲《かん》高《だか》い声でしたので、たちまち目が覚めたのです。起きあがりかけて、ベッドの片側《かたがわ》に三びきの熊《くま》がいるのを見るや、

反対側からあわてふためいて出て、窓《まど》めがけて走っていきました。ちょうど、窓《まど》はあいていました。この熊《くま》たちは、きちんとしたよい熊《くま》ですから、いつも朝起きると、寝室《しんしつ》の窓《まど》をあけていたのですよ。そこで、おびえたいたずら者の金髪《きんぱつ》まき毛ちゃんは、窓《まど》の外へ飛び出しました。そのあと、窓《まど》から落ちて首の骨《ほね》を折ったのか、森へかけこんで迷子《まいご》になったのか、無事に森から出たものの、お使いをなまけて悪い子だとむちで打たれたのか、だれにもわかりません。ただ、三びきの熊《くま》は、それきり金髪《きんぱつ》まき毛ちゃんを見かけなかったということです。

トム・ティット・トット

むかしむかし、ある女がパイを五つこしらえました。ところが、うっかりしてごわごわに焼きすぎてしまい、娘《むすめ》にこう言いつけたんですよ。「いいかい、おまえ。このパイはぜんぶ棚《たな》にしまっとくんだよ。そのうちに戻《もど》ってくるからね」

さて、お察しのように母親の「戻《もど》ってくる」は生地《きじ》が落ちつくという意味でしたが、娘《むすめ》はこんなふうに解釈《かいしゃく》しました。「母さんが言うようにパイがそっくり戻《もど》ってくるんなら、ここにあるぶんは今食べちゃってもいいんだよね?」そこで、丈夫《じょうぶ》な歯にものを言わせてさっそくとりかかり、ひとかけらも残さずに平らげてしまいました。

やがて夕飯どきになり、母親が言うには、「さ、あのパイを取っといで。いくらなんでも、もう戻《もど》ってくるころだろうよ」

それで娘《むすめ》が取りに行っても、当然ながら空っぽのお皿しかありません。

戻《もど》ってくると、「だめだめ、母さん。まだぜんぜん戻《もど》ってきてないよ」

「ぜんぜん？　ひとつもかい？」母親はあっけにとられました。

「うん、ひとつも」娘《むすめ》は涼《すず》しい顔です。

「あ、そう。けど、戻《もど》ろうが戻《もど》るまいがひとつは出さなきゃ夕飯になんないよ」

「だって、しょうがないでしょ。戻《もど》ってないから出せないってば」

「出せないなんてことがあるものか」母親はつむじを曲げました。「いいから行って、いちばんよさそうなのを取っといで。こうなったらいちかばちかだ、どこまであたしの歯が立つか」

「よさそうなのって言われても」娘《むすめ》はむくれて、「さっきのパイならあたしがぜんぶ食べちゃった。だから戻《もど》ってくるまで無理なものは無理よ――そんだけ！」

母親がすっとんで行くと、お皿はどう見ても空っぽ。そうなりゃ、まったくのお手上げです。

おかげで母親は夕飯抜《ぬ》き。おもてで糸紡《いとつむ》ぎにかかりながら、こんな歌を口ずさんだんですよ。

うちの娘《むすめ》ったらやってくれたわ　今日はパイを五つもさくさくと

うちの娘《むすめ》ったらやってくれたわ　今日はパイを五つもさくさくと
うちの娘《むすめ》ったらやってくれたわ　今日はパイを五つもさくさくと

まあねえ、それぐらい度肝《どぎも》を抜《ぬ》かれたのでね。

その繰《く》り返《かえ》し文句《もんく》が、たまたま馬で通りかかった王さまの耳にとまりました。ですが、どうもはっきり聞こえません。そこで馬を止めて尋《たず》ねました。「これ、その女。さっきからなんといって歌っているのか?」

いくら娘《むすめ》の食い意地に恐《おそ》れをなしたといってもそこは母親、世間体《せけんてい》ってものがあり、まして相手は王さまです。そこで、こんなふうに歌い直しました。

うちの娘《むすめ》ったらやってくれたわ　今日は糸を五巻《ま》きもさくさくと
うちの娘《むすめ》ったらやってくれたわ　今日は糸を五巻《ま》きもさくさくと
うちの娘《むすめ》ったらやってくれたわ　今日は糸を五巻《ま》きもさくさくと

「なに、五巻《ま》きも!」王さまは声を上げました。「わが勲章《くんしょう》と王冠《おうかん》にかけて、聞いたこともないほどの名人だ！　よいかな、わたしはかねがね妃《きさき》にふさわしい乙女《おとめ》を探《さが》していたが、日に五巻《ま》きも紡《つむ》げるそなたの娘《むすめ》ならばまさに申し分ない。そこでだ、ものは相談だが、一年のうち十一か月はお妃暮《きさきぐ》らしをさせてやろう。なんなりと食べ放題に着放題、好きに選んだ仲間と好き放題に過《す》ごしてよい。ただし十二か月めがきたら糸紡《いとつむ》ぎにかかり、日に五巻《ま》きずつ仕上げねばならぬ。できなければ問答無用で死刑《しけい》だ。さ！　この条件《じょうけん》をのむか？」

　母親は、願ってもない玉《たま》の輿《こし》とみて承知《しょうち》しました。日に五巻《ま》き？　まだ一年近く先の話だ、考えるひまならたっぷりあるさ。今はどんなに約束させられたって、土壇場《どたんば》になれば王さまのほうで都合よく忘《わす》れてくれているかもし

れないし、というわけですね。

それにやっぱり、これから十一か月はわが娘《むすめ》がお妃《きさき》さまになれるわけですから。それで話はまとまり、輿入《こしい》れした妃《きさき》は十一か月を気がねなくのほほんと過《す》ごしました。なんなりと好きなものを食べ、好きな衣装《いしょう》をとっかえひっかえして気の合う仲間と遊《あそ》び暮《く》らし、王さまも最高に優《やさ》しくしてくれます。けれども十か月を過《す》ぎるころにはあの五巻《ま》きの件《けん》をまたぞろ蒸《む》し返《かえ》されやしないかと気になりだし、十一か月めにさしかかると夢《ゆめ》にまで出てくるようになりました。それでも夫からは一言もなく、そのまま忘《わす》れてくれればと願いながら過《す》ごしていました。

ところがいよいよ十一か月の終わり、王さまの案内で、それまで見たこともない部屋に連れて行かれました。窓《まど》ひとつしかないむきだしの室内には、腰《こし》かけと糸車があるだけ。

「さて、愛《いと》しの妻《つま》よ」王さまはいつものように優《やさ》しく、「朝になったらここに食べ物と亜麻《あま》をいくらか持って、こもってもらおう。戸口はふさいでおく。夜までに五巻《ま》き仕上げなければ、首をはねられるぞ」

まあそれで、妃《きさき》は震《ふる》え上《あ》がってしまいました。嫁入《よめい》り前はとにかく軽はずみな考えなしで、糸紡《いとつむ》ぎなんか習ったこともなかったんですね。おかげで明日はどうしていいやら、助《すけ》っ人《と》のあてもない。だって妃《きさき》になっちまったら、もとより母親と同居《どうきょ》ってわけにはいかないですよ。となると、あとは自室にこもり、腰《こし》をおろして可愛《かわい》い目が真っ赤になるまで涙《なみだ》にくれるしかありません。

そうしてさめざめと泣いていると、戸口の下あたりでかすかに妙《みょう》な音がします。とっさにネズミかと思ったのですが、どうやら何者かがドアをノックしているらしい。

そこで開けに立ってみれば？　なんとなんと！　不気味な黒い小人が、長いしっぽをむやみにぐるぐるさせているではありませんか。

「おまえさん、なにを泣いてるんだね？」化け物はおじぎして、肉眼《にくがん》で追いきれないほどの速さでしっぽを回します。

「あんたに関係ないでしょ？」あまりの不気味さに、妃《きさき》はちょっと引いてしまいました。

「怖《こわ》いんなら、しっぽを見るなよ」そいつはにたりと笑い、「かわりにこの靴《くつ》をごらん。きれいじゃないかね？」

たしかに、高いヒールに飾《かざ》りバックルと大きな蝶結《ちょうむす》びがつき、見たこともないほどすてきな靴《くつ》です。

おかげでしっぽから目がそれて怖《こわ》さが多少薄《うす》らいだところへ、あらためて同じことを尋《たず》ねられると、妃《きさき》はまともに答えました。「話したって、どうにもならないわよ」

「さあて、そいつはどうかな」化け物はしっぽをいっそう回し、靴《くつ》を見せびらかします。「ほれほれ、話してごらんよ、いい子だから」

「ま、どうにもならなくたって、今よりひどくもならないか」そこできれいな目をぬぐうと、あのパイにはじまって今回の五巻《ま》きまでのいきさつをすっかり打ち明けました。

すると黒小人《くろこびと》は爆笑《ばくしょう》しそうになり、「なあんだ。たかがそれしき、わけもない！　窓越《まどご》しに毎朝あんたから亜麻《あま》を預《あず》かり、夜までに五巻《ま》きに紡《つむ》いで戻《もど》してやるよ。さあさ！　ひとつ取引といこうじゃないか？」

いくらお気楽な考えなしでも、さすがに用心ぐらいはします。「で、取引の見返りはなに？」

その一言で、化け物のしっぽは本当に見えなくなるまで回りだし、きれいな靴《くつ》をことさら突《つ》き出《だ》して横目でにんまりしました。「毎晩《まいばん》、わしの名前を三度まで当てさせてやろう。ひと月たっても当たらなければ——」しっぽをさらにさらに速く、靴《くつ》をいっそう見せびらかし、前にもまして含《ふく》むところのある笑いで——「あんたをいただくよ、べっぴんさん」

毎晩《まいばん》三つずつ、ひと月も！　それだけやれば、どれかは当たるでしょ。ほかに打つ手はないんだし。というわけで、妃《きさき》はつい言ってしまいました。「いいわ！　決まりね！」

そしたらまあ！　やつめはひとしきりあの靴《くつ》を見せびらかし、盛大《せいだい》にしっぽをぶん回して、ほくほくとおじぎしたんですよ。

さて、夜が明けるとさっそく夫にまたあの部屋へ連れていかれました。一日分の食べ物と、亜麻《あま》の大束を添《そ》えた糸車がすでに出されています。

「さあどうぞ、愛《いと》しの妻《つま》よ」王さまの態度《たいど》は相変わらずです。「くれぐれも忘《わす》れないでくれ！　夜までに五巻《ま》きできなければ、いやでも死刑《しけい》だからな！」

妃《きさき》はがたがた震《ふる》えだし、王さまが鍵《かぎ》をかけて行ってしまうと泣《な》き崩《くず》れそうになりました。そしたら窓《まど》でこつこつと妙《みょう》な音がするので、すぐさま立って行くと、あの黒小人《くろこびと》の化け物が約束通りにきて窓枠《まどわく》に腰《こし》かけ、きれいな靴《くつ》をはいた足をぶらぶらさせてしっぽをめまぐるしく回していました。

「おはよう、べっぴんさん。そら！　その亜麻束《あまたば》を早くよこしな、いい子だから」

亜麻束《あまたば》を渡《わた》して窓《まど》を閉《し》めたあと、妃《きさき》が食事をぱくついたのは、いうまでもありませんね。なにしろ知っての通りの食《く》いしんぼ坊《ぼう》ですし、夫との約束で、好きなものを何でも食べていいことになっていたのです。それで心ゆくまで食べ、日暮《ひぐ》れにはまたあの合図《あいず》があり、あの黒小人《くろこびと》がきちんと仕上がった糸巻《いとま》き五つを抱《かか》えてきました！

やつめはいっそう派手《はで》にしっぽを回し、きれいな靴《くつ》を見せびらかしてニタニタおじぎしながら五巻《ま》きを渡《わた》しました。

その上で、こうです。「さてと、べっぴんさん、このわしの名前はなんでしょう？」

妃《きさき》はのんきに、「ビル」などと答えました。

「はずれ」と、やつがしっぽをくるくる回します。

「じゃあ、ネッド」

「はずれ」しっぽがさらに速くなりました。

「うーん」と、ちょっとは考えて、「マーク」

「はずれ」やつはさんざん大笑いしたあげくに飛んで行ってしまいました。

部屋へきた王さまは、五巻《ま》きできていたのでひとまず胸《むね》をなでおろしました。王さまはかわいらしい妃《きさき》を気に入っていたんですよ。

「これなら、首を切らせずにすみそうだ。あとの日もすべて、うまくこなしてくれよ」と、おやすみの挨拶《あいさつ》をして鍵《かぎ》をかけていきます。

あくる朝もまっさらの亜麻束《あまたば》と、いちだんと上等な食事が届《とど》けられました。そしてあの黒小人《くろこびと》が窓《まど》を叩《たた》いてあらわれ、靴《くつ》をひけらかしてしっぽをますます回しながら亜麻束《あまたば》を持ち去り、日が暮《く》れると五巻《ま》きにして返しました。その受《う》け渡《わた》しがすむと三度まで名を当てさせ、当たらなければさんざん笑って飛んで行ってしまうのです。

同じことを朝夕繰《く》り返《かえ》し、夜ごとに三度当てさせられたのに、さっぱり当たりません。日を追うにつれて化け物の笑い声やニヤニヤ顔があからさまになり、横目遣《よこめづか》いにもぞっとするほどの悪意がにじみ、妃《きさき》はご馳走《ちそう》もそっちのけで日がな一日考えました。それでも、これはという名前には、なかなか行き当たりません。

とうとう、あと一日で期限《きげん》のひと月という夜、五巻《ま》きを届《とど》けにきた黒小人《くろこびと》が露骨《ろこつ》にニヤついて、「このわしの名前、まだわからんかね?」

そこで妃《きさき》は——それまでずっと聖書《せいしょ》を調べていたので、「ニコデマス?」

「はずれ」と、しっぽの回りぐあいは目にもとまらぬほどです。

「じゃあ、サミュエル?」妃《きさき》はすっかり動揺《どうよう》してしまいました。

「はずれだよ、べっぴんさん」と、化け物は憎《にく》たらしく含《ふく》み笑《わら》いしました。

「ううう――じゃあ、メトセラ?」早くも半べそです。

そんな妃《きさき》を、やつめは燃《も》えさかる石炭の目で睨《にら》みすえました。「いいや、そいつもはずれ。あとは明日の夜だけだな。そしたらわしのものになるんだぞ、べっぴんさん」

黒小人《くろこびと》の化け物はそう言《い》い捨《す》て、盛大《せいだい》にふくらんだしっぽを見えなくなるほど回しながら、飛んで行ってしまいました。

妃《きさき》のほうは打ちのめされて涙《なみだ》すら出ません。それでも戸口へやってくる夫の気配を察して、しいて明るくふるまってみせ、無理に笑顔《えがお》を作りました。「よくやったぞ、おまえ! また五巻《まき》きか! どうやら死刑《しけい》を免《まぬが》れたな、愛《いと》しい妻《つま》よ。これからは絶《ぜっ》対《たい》に夫婦《ふうふ》仲よく暮《く》らそうな」それから召使《めしつか》いたちに夕食を運んでこさせ、妃《きさき》の隣《となり》に席をしつらえると、いかにも仲よし夫婦《ふうふ》らしく寄《よ》り添《そ》って腰《こし》かけました。

だけど、かわいそうに妃《きさき》はなにも喉《のど》を通りません。あの黒小人《くろこびと》の化け物が片時《かたとき》も頭を離《はな》れないのです。それに、王さまのほうでもひと口かふた口で笑いだして食べるどころではなくなりました。いつまでも大笑いしているので、とうとう妃《きさき》がしかたなく尋《たず》ねたほどです。「なにをそんなに笑っていらっしゃるの？」

「いやあ、今日は傑作《けっさく》なものを見ちゃってねえ、きみ」と王さまが答えました。

「狩《か》りに出たら、見覚えのない場所にたまたま行き当たったのさ。森の中に古い大きな穴《あな》があって、妙《みょう》な鼻歌まじりにブーンという音が洩《も》れてくる。それで音のありかをつきとめようと馬を下り、こっそり穴《あな》のふちへ寄《よ》っていってのぞいたんだ。そしたら何が見えたと思う？　見たこともないほど妙《みょう》ちきりんな黒小人《くろこびと》の化け物だったよ。小さな糸車を必死で回してるんだが、その糸車さえ、あいつのしっぽの回りっぷりには負けたね。回る回る、ぶんぶんぶん――わっはっはっは！――あんなの見たこともないだろうよ。バックルと蝶結《ちょうむす》びの靴《くつ》をちんまりはいた足で、踏《ふ》み板《いた》をせわしなく上下させてさ。その黒小人《くろこびと》はずっとこんなふうに歌ってたんだ。

「当てようが当てまいが
まさかのまさか　おいらの名前はトム・ティット・トット」

とたんに妃《きさき》は内心で飛び上がるほど喜んだものの、ぐっとこらえました。でも、そう聞いたあとの食事は最高でしたね。

あくる朝、亜麻《あま》を取りにきた黒小人《くろこびと》の化け物にも黙《だま》っていましたが、うまくいくとわかってからは、邪悪《じゃあく》な喜びにはち切れんばかりの姿《すがた》もかえって滑稽《こっけい》にうつったものです。そうして夜には窓《まど》のノックにわざといやな顔をして、さも怖《こわ》そうにしぶしぶ開けるふりをしてやりました。ところがあの化け物めはすっかり調子づいて室内へ入りこみ、口が耳まで裂《さ》けそうにニタニタしています。それにびっくり仰天《ぎょうてん》しますよ、あのしっぽったら、どんなに景気よく回ったことか！

「ささて、わしのべっぴんさん」きれいに紡《つむ》ぎ上《あ》げた五巻《ま》きを渡《わた》すと、「わしの名前は？」

妃《きさき》はわざと口をゆがめておろおろ声を出しました。「そ——そ——そ——ソロモン？」

「はずれ」やつはげらげら笑い、やにさがった横目遣《よこめづか》いでさらに寄《よ》ってきます。そこで妃《きさき》が——このたびは恐《おそ》ろしくて口もきけないふりを装《よそお》い、「え、あ、ゼベダイ？」

「はずれ」化け物は声高《こわだか》に勝《か》ち誇《ほこ》り、寄《よ》ってきて両手をのばしてきました。まあまあ、あのしっぽの勢《いきお》いときたら……！

「ようく考えな、わしのべっぴんさん」露骨《ろこつ》になめてかかった口ぶりで、ちっぽけな黒い目で食《く》い尽《つ》くすようにむさぼり見てきます。「ゆっくりおやり！　忘《わす》れるんじゃないぞ！　次で、わしのもんになるんだからな！」

それでね、妃《きさき》はしんからおぞけをふるって少し後ずさりました。でも、そこで笑いだして、やつを指さしてね。言ってやったんですよ。こんなふうに。

「当てようが当てまいが
おまえの名前は
トム
ティット
トット！」

とたんに黒小人《くろこびと》の化け物はすさまじい悲鳴を上げました。だれひとり、聞いたこともないような声です。しっぽは不景気にしおれ、足元はもうぐしゃぐしゃ。そのまま闇《やみ》のかなたへ飛び去り、二度とあらわれませんでした。

妃《きさき》はいつまでも王さまと仲よく暮《く》らしましたとさ。

三枚《まい》の羽根

むかしむかし、見知らぬ男に求婚《きゅうこん》された娘《むすめ》がいました。恋人《こいびと》が通《かよ》ってくるのはいつも日が落ちてからで、夫婦《ふうふ》になってからも夫は暗くなるまで帰らず、夜が白みだすと必ず出かけていくのです。

それでも妻《つま》にはとても優《やさ》しく、なに不自由ない暮《く》らしで、しばらくは申し分ありませんでした。だけどじきに良縁《りょうえん》に恵《めぐ》まれたのを露骨《ろこつ》にねたむ一部の娘《むすめ》仲間が、あの亭主《ていしゅ》はきっとひどい悪事でもして人目をはばかっているのよと、陰《かげ》でひそひそしはじめたのです。

さて、娘《むすめ》としてはほかの娘《むすめ》の恋人《こいびと》みたいに堂々と昼間に訪《たず》ねてくれないのを、付き合いはじめからいぶかしく思っていました。それでも初めのうち、隣近所《となりきんじょ》に目引き袖《そで》引《ひ》きされるぐらいは知らん顔をしていられたものの、しだいに人の噂《うわさ》にも一理あるんじゃないかなどと思うようになってきました。それで正体を見極《みきわ》めてやろう

と、ある晩《ばん》に寝室《しんしつ》へ入ってきた夫へいきなり蠟燭《ろうそく》をつきつけたのです。すると、まあ見てごらん！　男前なんてもんじゃありません。世のどんな女でも、一目でたちまちのぼせあがってしまうような美青年です。だけど顔がちらりと見えたとたんに、夫は大きな茶色い鳥に変わり、非難《ひなん》と怒《いか》りのありったけをこめて娘《むすめ》をにらみすえました。

「おまえにそんな信頼《しんらい》ぶちこわしのまねをされては、もうこれっきりだ。ただし、七年と一日のあいだ尽《つ》くして真心を見せてくれれば話は別だが」

そう聞いて娘《むすめ》は泣きだしました。「あなたが戻《もど》ってくれさえすれば、七年と一日の七倍でも尽《つ》くしましょう。どうすればいいかを教えてください」

それで鳥の亭主《ていしゅ》は言いました。「おまえを奉公《ほうこう》に出すから、七年と一日のあいだ辛抱《しんぼう》して一生懸命《いっしょうけんめい》やりなさい。それと、強引《ごういん》に嫁《よめ》にして仕事を辞《や》めさせようとする男は、だれであれ取り合うな。乗せられでもしたら絶対《ぜったい》に戻《もど》ってやらんからな」

承知《しょうち》させた上で大きな茶色い翼《つばさ》を広げて娘《むすめ》を乗せ、とある大きな屋《や》敷《しき》へひとっ飛びです。

「ここは洗濯女《せんたくおんな》がひとり足りないんだ」鳥の亭主《ていしゅ》は言いました。「行って、奥《おく》さまにお目にかかりたい、その仕事をくださいと言うんだ。

だがくれぐれも忘《わす》れるなよ、七年と一日は続けないとだめだぞ」

「でもそんな仕事、七日と続かないわ」娘《むすめ》が答えます。「あたしは洗濯《せんたく》もアイロンがけもできません」

「わけもないよ。わたしの心臓《しんぞう》に近い翼《つばさ》の下から羽根を三枚抜《まいぬ》きなさい。この羽根たちが、おまえの言いつけをなんでもこなしてくれるだろう。掌《てのひら》に載《の》せて、ただこう唱えればいい。『まことの恋人《こいびと》の心臓《しんぞう》から抜《ぬ》いた三枚《まい》の羽根の力で、これこれの仕事がすみますように』それでうまくいくはずだ」

そう言って翼《つばさ》の下から三枚抜《まいぬ》き取《と》らせ、それがすむと飛んでいってしまいました。

残された娘《むすめ》は言われた通りにして、屋敷《やしき》の奥《おく》さまに住む場所をあてがわれました。これほど手際《てぎわ》のいい洗濯女《せんたくおんな》はふたりといません。だってね、ただ洗濯小屋《せんたくごや》へ入ってドアにかんぬきをかけ、窓《まど》の鎧戸《よろいど》を全部おろしてだれにも見られないようにした上で、あの羽根を出してこう言えばいいんですから。「まことの恋人《こいびと》の心臓《しんぞう》から抜《ぬ》いた三枚《まい》の羽根の力で、銅器具《どうきぐ》をぴかぴかに磨《みが》き、衣類を仕分けて洗濯《せんたく》と煮沸《しゃふつ》をすませ、乾《かわ》かしてアイロンをかけ、しわを伸《の》ばしてたたむように」すると、ほーらお立ち合い！　洗濯物《せんたくもの》が勝手にテーブルに転がってってきれいなまっ白になり、しまえばいいだけに仕上がっていきます。だから奥《おく》さまは娘《むすめ》のおかげでふんだんに予備《よび》のリネンがそろい、こんないい洗濯女《せんたくおんな》はまたとないと言っていました。そんなわけで四年もすると、クビだなんてとんでもない。だけどほかの仲間たちにはずいぶんやっかまれ、しかもすごい美人だったもんだから、男の召使《めしつか》いどもはなおさらのぼせて、だれもかれも嫁《よめ》にするならあの子だと言うようになりました。

でも、娘《むすめ》は目もくれません。だって鳥の亭主《ていしゅ》を片時《かたとき》も忘《わす》れられず、人間の姿《すがた》で戻《もど》ってきてくれる日を、ひたすら待ちわびていたんですから。

さて、ずんぐりした執事《しつじ》も娘《むすめ》に気があり、ある日、酒場の帰りにたまたま洗濯小《せんたくご》屋《や》の脇《わき》で止まったら、こんな声が聞こえてきました。「まことの恋人《こいびと》の心臓《しんぞう》から抜《ぬ》いた三枚《まい》の羽根の力で、銅器具《どうきぐ》をぴかぴかに磨《みが》き、衣類を仕分けて洗濯《せんたく》と煮沸《しゃふつ》をすませ、乾《かわ》かしてアイロンをかけ、しわを伸《の》ばしてたたむように」

変なことを言うなあと執事《しつじ》は思い、鍵穴《かぎあな》からのぞいてみました。すると、のんびり椅子《いす》にくつろぐあの娘《むすめ》のそばで、衣類全部がふわふわテーブルに飛んできて勝手に片《かた》づき、いつでもしまえる状態《じょうたい》になっていくではありませんか。

まあそれでね、その晩《ばん》、執事《しつじ》は娘《むすめ》を訪《たず》ねてこう言いました。あんたがお高くとまってプロポーズをこれ以上はねつける気なら、ご立派《りっぱ》な洗濯女《せんたくおんな》はまごうかたなき魔《ま》女《じょ》ですよと奥《おく》さまに暴露《ばくろ》してやる、その後はたとえ生きながら火あぶりにならなくたって、勤《つと》め口《ぐち》を失うことになるよってね。

さて、娘《むすめ》は途方《とほう》に暮《く》れました。だって別の男の言いなりになったり、七年と一日の前に勤《つと》め口《ぐち》をしくじったりすれば、鳥の亭主《ていしゅ》は二度と戻《もど》ってきてくれません。だから、こんな逃《に》げ口上《こうじょう》でしのごうとしました。納得《なっとく》いくだけのお金がなくちゃ、誰《だれ》だってお断《ことわ》りよ。

ずんぐりの執事《しつじ》は笑いました。「金か？　なら、旦那《だんな》さまに預《あず》けた貯金が七十ポンドあるよ。それでも納得《なっとく》いかないか？」

「本当なら、もしかしたらね」娘《むすめ》が答えました。

そこで執事《しつじ》は翌晩《よくばん》さっそく金貨七十ポンドを抱《かか》えてきました。娘《むすめ》はエプロンで金貨を受けると、納得《なっとく》したわと言ってやりました。策《さく》を思いついたのでね。さて、ふたりで二階へ上がる途中《とちゅう》で、娘《むすめ》がふと足を止めて、「執事《しつじ》さん、ちょっとごめんなさい。洗濯場《せんたくば》の鎧戸《よろいど》を開けっぱなしなのよ、閉《し》めてこなくちゃ。さもないと夜通しバタバタして、旦那《だんな》さまやお嬢《じょう》さま方が起きてしまう」

さて、このずんぐりの執事《しつじ》はいい年して、若《わか》く見られようと気を配っていました。それですぐさま、「はばかりながら美人さん、行かなくてもいいよ。おれが閉《し》めてきてやる、すぐに戻《もど》るさ！」

やつが行ってしまうと、娘《むすめ》はすぐに三本の羽根を掌《てのひら》に出して早口で、「まことの恋人《こいびと》の心臓《しんぞう》から抜《ぬ》いた三枚《まい》の羽根の力で、鎧戸《よろいど》が朝までずっとバタバタしていますように。執事《しつじ》さんの手が鎧戸《よろいど》でずっとふさがっていますように」

そして、その通りになりました。

執事《しつじ》さんは鎧戸《よろいど》を閉《し》めましたが――ぶんぶんぶん！　いつの間にか開いてしまう。また閉《し》め直《なお》せば、今度はバタンとはねかえって顔面をまともにはたかれます。途中《とちゅう》で投げ出すのもなんだし、このまま戸締《とじま》りを続けるしかない。おかげで夜明けまで足止めされっぱなしです。バタンで派手《はで》に悪態《あくたい》つき、鎧戸《よろいど》を閉《し》めて罵《のの》り散《ち》らし、夜が明けて怒《おこ》る気力も枯《か》れ果《は》てるまでずっと手を焼かされました。ほうほうのていで自分の部屋へ戻《もど》り、ゆうべのできごとはくれぐれも他言無用にしよう、人に笑われるのがおちだと心に誓《ちか》います。あとは無言を通し、娘《むすめ》のほうではあの七十ポンドをしまいこんで、押《お》しかけ求婚者《きゆうこんしや》を腹《はら》の中でこっそり笑うにとどめました。

さて、しばらくすると、気働きのあるきれいな洗濯女《せんたくおんな》をずっと嫁《よめ》にしたがっていた実直な中年馭者《ぎよしや》が、馬の水やりに井戸《いど》のポンプへ寄《よ》っていって三枚《まい》の羽根の呪文《じゆもん》を洩《も》れ聞《き》いてしまい、執事《しつじ》同様に鍵穴《かぎあな》からのぞいて、椅子《いす》にくつろぐ娘《むすめ》の脇《わき》で衣類全部が勝手に洗濯《せんたく》とアイロンをすませてしわを伸《の》ばし、ひらひらとテーブルに飛んでくるのを見てしまいました。

それで執事《しつじ》同様に娘《むすめ》を訪《たず》ねて、「あんたはもうおれのもんだぞ、べっぴんさん。すげないまねをしようなんて思うなよ、そうなったら奥《おく》さまに魔女《まじょ》だと言いつけてやる」

娘《むすめ》は涼《すず》しい顔で、「文なしはだれだろうとお断《ことわ》りよ」

「それだけかい、だったら旦那《だんな》さまに四十ポンド預《あず》けてあるよ。明日の晩《ばん》にでも持ってこよう」

夜になると娘《むすめ》はエプロンを広げて駅者《ぎょしゃ》の金貨を受け、階段《かいだん》をあがる途中《とちゅう》でふと立ち止まって、「あらまあ！　洗濯物《せんたくもの》を綱《つな》に干《ほ》しっぱなし。ちょっとごめんね、取りこんでくるから」

それでね、この駅者《ぎょしゃ》は根っからまめな男で、すぐさま言いました。「おれに行かせてくれ。外は寒いし風のある晩《ばん》だ、風邪《かぜ》でもひいたら命にかかわるぞ」やつが出ていってしまうと、娘《むすめ》はあの羽根を出して、「まことの恋人《こいびと》の心臓《しんぞう》から抜《ぬ》いた三枚《まい》の羽根の力で、あの洗濯物《せんたくもの》が夜明けまで風にあおられてばたつき、駅者《ぎょしゃ》さんの手に負えず、かといって、やりかけで投げ出すこともできませんように」あとはひとりでさっさと寝《ね》にあがってしまいました。先は読めていたし、その通りになりました。

濡《ぬ》れた洗濯物《せんたくもの》は馭者《ぎょしゃ》の耳元で夜通しはためき、シーツにぐるぐる巻《ま》きにされて身動きがとれず、タオル類は脚《あし》をすりぬけて飛ばされる。だけど夜明けまで投げ出せず、ひどい腹立《はらだ》ちからしだいにがっくりしてきて、へとへとなのに這《は》って寝《ね》に行くわけにもいかない。馬たちの飼《か》い葉《ば》と水の世話がありますからね！　あとはやっぱり人に笑われるのが怖《こわ》くて黙《だま》っていました。抜《ぬ》け目《め》ない洗濯女《せんたくおんな》はあの七十ポンドと同じ場所に四十ポンドをしまいこみ、悪びれるふうもなく仕事を続けました。

ところがしばらくすると、一途《いちず》な若《わか》い従僕《じゅうぼく》がぞっこん惚《ほ》れこみ、洗濯場《せんたくば》を通りすがりに鍵穴《かぎあな》から最愛の人を見ようとして、椅子《いす》にくつろぐ娘《むすめ》と勝手に仕上がってテーブルに飛んでくる洗濯物《せんたくもの》をいやおうなく見てしまいました。

さて、若者《わかもの》は大いに困《こま》りました。それで旦那《だんな》さまに預《あず》けておいた給金全額《ぜんがく》を引き出した上で、娘《むすめ》を訪《たず》ねていって夫婦《ふうふ》になると言ってくれない限《かぎ》り、見たままを奥《おく》さまに伝えるしかないと話しました。

「だからさ！」と従僕《じゅうぼく》。「おれはここじゃ新参者だから、まだこれしか蓄《たくわ》えがないけど、あんたのほうは古参だから、きっとそれなりにたまってるだろ。その二つを合わせて所帯を持つか、でなきゃ気がすむまで引き続き奉公《ほうこう》したらいい」

まあね、娘《むすめ》は断《ことわ》ろうとしたんですが、あんまりしつこく粘《ねば》られて、とうとう付き合いきれなくなってきました。「ジェイムズ！　あたしを思ってくれるんなら、急いで地下の酒蔵《さかぐら》へ行って、気つけのブランデーをひとたらし持ってきてよ、あんたのおかげで気分が変になっちゃったわ！」

従僕《じゅうぼく》が行ってしまうと、あの三枚《まい》の羽根を出して、「まことの恋人《こいびと》の心臓《しんぞう》から抜《ぬ》いた三枚《まい》の羽根の力で、ジェイムズがちゃんとブランデーを注げず、いくら注いでも自分の喉《のど》に入ってしまいますように」

まあね！　その通りになりました。ジェイムズがいくら注いでもブランデーはグラスに入ってくれない。やっと数滴《すうてき》入れれば、手をつたって床《ゆか》へこぼれてしまいます。ずっとその調子でしまいにへとへとになり、自分も気つけが要《い》るようなざまです。それで数滴《すうてき》あおってまたがんばったけど、相変わらずうまくいかない。またちびとやっては繰《く》り返《かえ》すうちに、とうとうへべれけに酔《よ》っぱらいます。そこへやってきたのが、よりによって旦那《だんな》さまです。そこらじゅうブランデーがぷんぷん匂《にお》うんじゃ、おおよその察しはつきますよね！

さて、従僕《じゅうぼく》のジェイムズは一途《いちず》な上に正直者でしたから、旦那《だんな》さまに申し上げまして、あの洗濯娘《せんたくむすめ》の気分が悪いというんで、気つけのブランデーをひとたらしいただきに参りましたら、あいにく手の震《ふる》えがひどくて、ろくに注げずにこぼしてしまい、その匂《にお》いにやられたんでございます。

「もっともらしい話だな」旦那《だんな》さまはそう言うと、ジェイムズをさんざんに殴《なぐ》りました。

やがて奥《おく》さまのところへ行っておっしゃるには、「おまえのあの洗濯娘《せんたくむすめ》に暇《ひま》を出してくれないか。男の召使《めしつか》いどもの様子がどうもおかしい。どいつもこいつも、これから所帯でも持つみたいに貯金を全額《ぜんがく》引き出していくのに、暇《ひま》をとる気配はない。どうやら、裏《うら》で糸を引いているのはあの娘《むすめ》らしいぞ」

だけど、奥《おく》さまは洗濯女《せんたくおんな》への非難《ひなん》に耳を貸《か》そうともしません。あの子は屋敷一《やしきいち》の働き者なんですよ。ほかの召使《めしつか》いをみんなまとめて束にしたぐらいの値打《ねう》ちがあります。悪いのはあなたづきの男どもでしょ。その件《けん》をめぐってそんな押《お》し問答《もんどう》になったのですが、結局はご主人が折れて、以後は波風を立てなくなりました。奥《おく》さまのほうでも、自力で身を守る算段《さんだん》をしなさいと娘《むすめ》に命じ、男どもは仲間に笑われるのを恐《おそ》れて、そろって口をつぐんでいました。

そんなある日、遠出する旦那《だんな》さまの馬車を玄関口《げんかんぐち》に回して、あの従僕《じゅうぼく》が馬車の戸を開け、執事《しつじ》が階段口《かいだんぐち》までお見送りに出ていると、いつもながら美人なあの洗濯《せんたく》女《おんな》が、きれいになった洗濯物《せんたくもの》の籠《かご》をかかえてひとりで中庭を抜《ぬ》けていきました。その姿《すがた》を目にするや、従僕《じゅうぼく》のジェイムズは耐《た》えられなくなっておいおい泣きだします。

「あの女、ひどいよ。おれの貯金を残らず巻《ま》き上《あ》げて、さんざんじらしやがって」

すると馭者《ぎょしゃ》が勢《いきお》いづいて、「そうかい？ そんなの、おれへの仕打ちに比《くら》べりゃ、どうってことないさ」と、濡《ぬ》れた洗濯物《せんたくもの》と夜通し格闘《かくとう》した恐《おそ》ろしい話を洗《あら》いざらいぶちまけました。玄関先《げんかんさき》にいた執事《しつじ》はそれで爆発寸前《ばくはつすんぜん》に怒《おこ》りだし、夜通し鎧戸《よろいど》のバタバタに手こずった次第《しだい》をついに吐《は》き出《だ》しました。「しかも、一枚《まい》なんか鼻にぶつかったんだぞ」

三人ともこれで胸《むね》のつかえがとれ、こうなりゃ一致団結《いっちだんけつ》して、旦那《だんな》さまがお出ましになったらさっそく言いつけてやろう、あの女に思い知らせてやろうじゃないかと決まりました。さて、勘《かん》のいい洗濯女《せんたくおんな》はドアの陰《かげ》で耳をすましており、なんとかしなきゃと悟《さと》って三枚《まい》の羽根を出しました。「まことの恋人《こいびと》の心臓《しんぞう》から抜《ぬ》いた三枚《まい》の羽根の力で、あの男たちがひどい目にあった度合いを競《きそ》い、そろって池にはまりますように」

まあね、娘《むすめ》がそう言うと、三人はたちまち、ひどい目にあった度合いを競《きそ》って喧《けん》嘩《か》になりました。やがてジェイムズがずんぐりの執事《しつじ》を殴《なぐ》って目に黒あざをこしらえ、お返しに執事《しつじ》が飛びかかってめった打ち、馭者席《ぎょしゃせき》から下りてきた馭者《ぎょしゃ》が割《わ》って入り、洗濯女《せんたくおんな》は笑いながら、それを見ていたんですよ。すったもんだするうちに旦那《だんな》さまのお出まし。なのにだれもお構《かま》いなしで、めいめい自分の話を聞いてもらおうと争い、どつき合い、殴《なぐ》って押《お》しのけ、あげくにお互《たが》いを突《つ》き飛《と》ばし合って池にどっぷりはまってしまいました。

どうなっとるんだと旦那《だんな》さまに訊《き》かれた娘《むすめ》の言い分はこうです。「あの人たち、みんなであたしを悪く言おうとしてるんです。だれの嫁《よめ》にもなろうとしないからって。それで、あたしを困《こま》らせようとしてもっともらしい作り話をでっちあげにかかり、だれかが自分の話が一番だって言うと、あとの人たちもてんでに張《は》り合《あ》って喧嘩《けんか》になっちゃって。ですけど罰《ばつ》ならもう十分受けましたので、これ以上何かするまでもないかしらと」

それで旦那《だんな》さまは奥《おく》さまに、「おまえの言う通りだったよ。あの洗濯女《せんたくおんな》は実に賢《かしこ》い娘《むすめ》だな」

それで執事《しつじ》と馭者《ぎょしゃ》とジェイムズはぐうの音も出なくなり、洗濯女《せんたくおんな》はしおれた三人にもう煩《わずら》わされずに仕事を続けました。

やがて七年と一日たつと、立派《りっぱ》な金の馬車でやってきたのは、美青年に戻《もど》ったあの鳥の亭主《ていしゅ》でした。洗濯女《せんたくおんな》と復縁《ふくえん》するために馬車で迎《むか》えにきたので、旦那《だんな》さまも奥《おく》さまも玉《たま》の輿《こし》だと大喜びし、屋敷《やしき》のみんなに、玄関前《げんかんまえ》に整列して快《こころよ》く送り出してあげなさいと命じました。で、娘《むすめ》は執事《しつじ》の脇《わき》を通りがけにあの七十ポンド入りの袋《ふくろ》を渡《わた》して優《やさ》しく、「鎧戸閉《よろいどし》めの残念料よ」次に駆者《ぎょしゃ》の番になると四十ポンドを手渡《てわた》して、「洗濯物《せんたくもの》を取りこんだ礼金よ」だけど、あの従僕《じゅうぼく》には百ポンド入りの袋《ふくろ》をやって笑いながら、「一滴《てき》も持ってきてくれなかったけど、これはブランデーのお代よ！」

あとは美しい夫と馬車で帰り、いつまでも夫婦《ふうふ》仲よく暮《く》らしましたとさ。

金のまり

そのむかし、うら若《わか》い姉と妹がいました。

姉妹ふたりで定期市へ出かけたある日、帰ってみれば家の戸口にとびきりの美青年が立っていました。まばゆい美《び》貌《ぼう》に黄金の帽《ぼう》子《し》、手の爪《つめ》も首も黄金で飾《かざ》り、ベルトまで黄金ずくめです。両手にそれぞれ持った金のまりを、ひとつずつ姉妹に渡《わた》して言い聞かせました。大事に持っていなさい。なくしでもしたら、しばり首だぞ。

ところが妹娘《いもうとむすめ》は自分のまりをなくしてしまいました。こんなわけです。土地の境界柵《きょうかいさく》のそばを通りがけに、ぽんとついたら、まりにはずみがつきすぎて柵《さく》を大きく越《こ》えてしまい、柵《さく》をよじのぼって目で追いかけたのに、まりはいちもくさんにてんてんてんと飛んでいき、草地のかなたの一軒家《いっけんや》へ転がりこんで、それっきりになってしまったのです。

まりをなくした罪《つみ》で妹はしょっぴかれ、しばり首に決まりました。

ところでこの娘《むすめ》には将来《しょうらい》を誓《ちか》いあった若者《わかもの》がいて、その若者《わかもの》がまり探《さが》しの役を引き受け、さっそく現場《げんば》へ出かけました。ところがあいにくと門は閉《と》じています。ならばと柵《さく》をよじのぼった目の前に、足元のどぶ川から老婆《ろうば》がぬうっとせりあがってきました。おまえさん、まりがほしけりゃ、三晩《みばん》続けてあの家で寝泊《ねと》まりしなくちゃだめだよ。老婆《ろうば》に教えられた若者《わかもの》は、そうすると約束しました。

さてさて、そこで！　日暮《ひぐ》れを待ってあの家へ入り、くまなく探《さが》し回《まわ》っても、まりどころか人っこひとり見当たりません。なのに、夜ふけともなれば怪《あや》しい気配が庭先でうごめくのです。窓《まど》を見ればそれもそのはず、化け物がうじゃうじゃいるではありませんか！

まもなく階段《かいだん》をあがってくる音を聞きつけ、若者《わかもの》はネズミのように扉《とびら》の陰《かげ》にへば

りつきました。やってきたのは自分の五倍はあろうかという巨人《きょじん》で、ひとしきり見回して窓《まど》へ行き、両肘《りょうひじ》ついて外の化け物どもへ身を乗り出します。背後《はいご》から若者《わかもの》の剣《けん》が、腰《こし》から上をすぱっと庭へ切《き》って捨《す》てたのに、巨人《きょじん》の下半身は相変わらず立ったままです。

　さてさて、そこで！　巨人《きょじん》の上半身がころげ落ちたとたんに庭の化け物どもは大騒《おおさわ》ぎして、「おかしらの半分は戻《もど》ったが、あとの半分も返してくれ」

　それで若者《わかもの》が、「あのな、二本の脚《あし》よ。目なしのおまえがこんな窓辺《まどべ》につっ立っていても、ただの場所ふさぎだ。仲間のところへ行っちまえ」と、下半身も窓《まど》から突《つ》き落《お》としてやると、外の騒《さわ》ぎはぴたりとおさまりました。

あくる晩《ばん》もまた泊《と》まりに行き、別の巨人《きょじん》に出くわしました。今度は巨人《きょじん》が戸をくぐりざまにぶった切りましたが、下半身は平然と暖炉《だんろ》に歩《あゆ》み寄《よ》り、煙突《えんとつ》をぐって出ていきました。

「そらっ、おまえも脚《あし》のあとを追っかけろ」若者《わかもの》は上半身に声をかけ、あとから煙突《えんとつ》へぶちこんでやります。

いよいよ三晩《みばん》め、特になにごともなくベッドに入りました。ところが、ベッドの下がどうも騒《さわ》がしい。気になってこっそりのぞくと、化け物どもがあの金のまりをぽんぽん投げあって遊んでいました。

若者《わかもの》はじっと待ちかまえ、しばらくして下からはみ出た化け物の脚《あし》をすぱっと切り落としました。つづいてベッドの反対側に出た別の化け物の腕《うで》も、ためらわずにぶった切ります。そうしてひたすら剣《けん》をふるって切り落とすうちにとうとう五体満足な化け物はいなくなり、まり遊びどころではなくなって、みんな大泣きしながら逃《に》げていきました。若者《わかもの》のほうはさっそくベッドを出てまりを取り返し、その足で恋人《こいびと》を助けに出発しました。

いっぽう、娘《むすめ》ははるばるヨークの町へ曳《ひ》かれて処刑台《しょけいだい》にのぼらされ、処刑役人《しょけいやくにん》の引導《いんどう》が始まりました。「さあ娘《むすめ》よ、これからしばり首だ。観念しろ」それでも娘《むすめ》はこう叫《さけ》んだのです。

「待ってよ待って、母さんがきたみたい！
ああ母さん、あの金のまりを持ってきてくれたの、
あたしが死なずにすむように？」

すると母親はこう答えました。

「いいやおまえ、金のまりは持っていないよ
死なずにすむようにもしてやれない
それでもきたんだ、その首つり台で
最期《さいご》を迎《むか》えるおまえを見守るために」

やがて処刑役人《しょけいやくにん》が声をかけます。「さあ、いよいよだ。最期《さいご》の祈《いの》りをあげろ」そ

れでも娘《むすめ》は言いました。

「待ってよ待って、父さんがきたみたい！
ああ父さん、あの金のまりを持ってきてくれたの、
あたしが死なずにすむように？」

すると父親は答えて、

「いいやおまえ、金のまりは持っていないよ
死なずにすむようにもしてやれない
それでもきたんだ、その首つり台で
最期《さいご》を迎《むか》えるおまえを見守るために」

やがて処刑役人《しょけいやくにん》が、「最期《さいご》の祈《いの》りはすんだか？　そら、その首を縄《なわ》へくぐらせろ」
娘《むすめ》はまだ粘《ねば》り、「待ってよ待って、兄さんがきたみたい！」そして先ほどの短い
問いかけを繰《く》り返《かえ》しましたが、兄の返事も両親とまったく同じです。姉も、叔父《おじ》も、

叔母《おば》も、従兄《いとこ》もやってきましたが、やりとりは変わりません。だれもかれもこう言うばかりでした。

「いいやおまえ、金のまりは持っていないよ
死なずにすむようにもしてやれない
それでもきたんだ、その首つり台で
最期《さいご》を迎《むか》えるおまえを見守るために」

とうとう処刑役人《しょけいやくにん》に言われてしまいました。「もう待たんぞ、小手先の言《い》い逃《のが》ればかりしおって。ただちに刑《けい》を執行《しっこう》する」

そこへ、ようやく待ちに待った恋人《こいびと》が見えました。群衆《ぐんしゅう》をかきわけて押《お》し通《とお》ってくる姿《すがた》に、娘《むすめ》は死《し》にもの狂《ぐる》いで呼《よ》びかけます。

「待ってよ待って、あたしのいい人がきたみたい！
ああ、いとしい人、あの金のまりを持ってきてくれたの、
あたしが死なずにすむように？」

すると恋人《こいびと》は、あのまりを高くかざしながら大声で、

「おお、そうとも、金のまりを持ってきたぞ
いますぐ自由の身にしてやるからな
おれがきたからには、みすみすおまえを
見殺しにしたりするもんか」

すぐさま娘《むすめ》を助け出して連れ帰り、ふたりそろっていつまでも仲よく暮《く》らしましたとさ。

ジャックと豆の木

むかしむかしの大むかし、この世界のあらかたができたばかりで、いいことだらけだったので、みんな好きほうだいに暮《く》らしていたころ、ジャックという男の子が住んでいました。

父さんはベッドに寝《ね》たきりでした。母さんはよくできた人で、病気の旦那《だんな》さんと若《わか》い息子《むすこ》をどうにかやしなっていくために、立派《りっぱ》な牝牛《めうし》のミルキーホワイトがたっぷり与《あた》えてくれるミルクやバターを売ろうと、朝早くから夜遅《よるおそ》くまでせっせと働いていました。夏だったおかげです。けれど、冬がやってくると、野原の草が霜《しも》にあたりたくなくて、あたたかい土から出てこなくなりました。生垣《いけがき》に枯草《かれくさ》でもあったら集めといでと、母さんがジャックをやっても、ジャックはからっぽの袋《ふくろ》のまま帰ってくることがしばしば。ジャックは目に入る物にいちいち首をかしげるので、いいつけられたことをついつい忘《わす》れてしまうからです!

そんなわけで、ある朝、ミルキーホワイトがミルクをまったく出さなくなりました――なんと、一滴《てき》も！　すると、よくできた働き者の母さんは、前かけに顔をうずめて、すすり泣きました。「どうしたらいいんだろうねえ？　どうしたらいいんだろうねえ？」

さて、ジャックは母さんが大好きでした。おまけに、こんなに大きくなっても、ろくな手伝いができないことを、ちょっぴりうしろめたく感じていたので、こういいました。「元気出して！　元気出して！　おいらがどっかへ仕事を探《さが》しにいくよ」するのと、汗水《あせみず》たらしてうんと働けるような気がしてきました。けれど、よくできた母さんは、悲しげに首を振《ふ》って、いいました。

「前にも、そうしてみたじゃないか、ジャック。だけど、だれにも雇《やと》っちゃもらえなんだ。おまえはそりゃあいい子なんだけど、ぼうっとしてるからねえ。だめだよ、あたしらはミルキーホワイトを売って、そのお金で暮《く》らしてくしかない。ありゃしないいから、こぼすこともできないミルクのことを嘆《なげ》いたって、はじまらないよ！」

ほら、この母さんは働き者なだけでなく、賢《かしこ》かったんです。ジャックもその気になりました。

「うん、そうだね」ジャックは大声をはりあげました。「ミルキーホワイトを売ろう。そしたら、うんと金持ちになれる。どうころんだって、悪いようになるわけない。じゃ、今日は市が立つ日だから、牛を連れてってみるよ。なんとかなるから、だいじょぶ、だいじょぶ」

「でも――」母さんが口を開きかけました。

「でもなんて、いってたら、はじまらないよ」ジャックは笑いとばしました。「ちゃんともうけてくるから、安心して」

というわけで、その日、母さんは洗濯《せんたく》をしなくてはならなかったし、病気の旦那《だんな》さんがいつもより苦しがったので、ジャックを牛売りにやりました。

「十ポンド以下じゃ、だめだよ」母さんはジャックが角を曲がるとき、その背中《せなか》に大きな声でいいました。

十ポンドだなんて、冗談《じょうだん》じゃない！　ジャックの心づもりは、二十ポンドでした！　正真正銘《しょうしんしょうめい》のソブリン金貨、二十枚《まい》です！

そのお金が手に入ったら、母さんにどんなお土産《みやげ》を買おうかなと考えていたとき、ちょっと変わった小さなおじいさんに話しかけられました。「おはよう、ジャック！」

「おはようございます」ジャックはていねいに頭を下げて返事をしました。その

ちょっと変わった小さなおじいさんがどうして自分の名前を知っているのか、首をひねりましたが、そりゃまあ、ジャックなんて名前は、そのへんにいくらでも転がっていますからね。

「で、どこへ行くんだね？」ちょっと変わった小さなおじいさんがたずねました。ジャックはまた首をかしげました。自分がどこへ行こうと、このちょっと変わった小さなおじいさんになんの関係があるんだろうって。しょっちゅう首をかしげているんですよ、ジャックは。でも、いつだって礼儀《れいぎ》正《ただ》しかったので、こう答えました。

「ミルキーホワイトを売りに、市場へ行くんです。うんともうけようと思って」

「ああ、もうかるだろうとも！　もうかるだろうとも！」ちょっと変わった小さなおじいさんは、くすくす笑いました。「おまえさんなら、うまくやれるだろうて。聞くまでもなかろうが、豆を五つ数えるにゃ、どうするね？」

「両方の手にふたつずつ持って、口にひとつくわえりゃいい」ジャックは迷《まよ》わず答えました。あら、なんて頭がいいんでしょう。

「そうとも、そうとも！」ちょっと変わった小さなおじいさんは、くすくす笑いました。そして、ポケットから豆を五つ取りだしました。「ほれ、このとおり、豆をおまえさんにやろう。だから、ミルキーホワイトをよこしな」

ジャックはびっくり仰天《ぎょうてん》して、口をあんぐりとあけたまま立ちつくしました。まるで、五つめの豆が飛びこんでくるのを待っているかのようにね。

「なんだって！」ようやくジャックはいいました。「ぼくのミルキーホワイトを、ただの豆五つと取りかえっこだって！　そんなこと、するもんか！」

「じゃが、これはただの豆ではないぞ」ちょっと変わった小さなおじいさんは口をはさみ、ちょっと変わった小さな顔に、ちょっと変わった小さな笑《え》みを浮《う》かべました。「この豆をまいて、ひと晩《ばん》たつと、朝には空に届《とど》くほど、ぐんと高くのびてるんだ」

ジャックはあんまりびっくり仰天《ぎょうてん》したので、こんどは口もあけられず、かわりに目を大きく見開きました。

「空に届《とど》くほど、ぐんと高くだって？」ジャックはようやく口を開いてたずねました。というのも、いいですか、ジャックが何よりも首をかしげてしまうのが、空だったからです。

「空に、届《とど》くほど、ぐんと、高くじゃ」ちょっと変わった小さなおじいさんは、ひとことごとにうなずきながら、くり返しました。「いい取引だぞ、ジャック。それに、だまくらかしは、いっさいなしじゃ。もしそうだったら——ようし！　あしたの朝、ここで会おう。ミルキーホワイトはまたおまえさんのもんだ。それならよかろう？」

「うん、そりゃいいや」ジャックはろくに考えもせず、大声でいいました。すると、次の瞬間《しゅんかん》、だれもいない道に自分一人だけが立っていたのです。

「両方の手にふたつずつ持って、口にひとつくわえりゃいい」とジャックはくり返しました。「ぼくはさっき、そういったんだから、そうしよう。みんなうまくいってる。あのちょっと変わった小さなおじいさんのいったことが嘘《うそ》だったら、あしたの朝、ミルキーホワイトを返してもらえばいいもん」

というわけで、口笛を吹《ふ》いたり、口に入れた豆をむしゃむしゃ食べたりしながら、ジャックは浮《う》きうきと家へ歩いて帰りました。そのあいだずっと、首をかしげっぱなしでした。空まで行ったら、そこはどんなふうなんだろうってね。

「ずいぶん時間がかかったじゃないか！」母さんが大声をあげました。ジャックが帰ってこないかと、門のところで心配しながら待っていたのです。「とっくに日が暮《く》れちまってるよ。だけど、ミルキーホワイトを売ったみたいだね。いくらもらったのか、早く教えとくれ」

「あたりっこないよ、きっと」ジャックは口を開きました。

「おやまあ！　ほんとかい」よくできた母さんがいいました。「だまされるんじゃないかって、一日じゅう気が気じゃなかったんだよ。いくらなんだい？　十ポンド――十五ポンド――まさか二十ポンドじゃないだろうね！」

ジャックは得意げに豆をさしだしました。

「これさ。あの牛と引きかえに、もらったんだ。すんごくいい取引なんだよ！」

こんどびっくり仰天《ぎょうてん》したのは、母さんです。けれど、母さんはこういっただけでした。「なんだって！　これっぽっちの豆かい！」

「うん」ジャックは自分が賢《かしこ》かったのかどうか自信をなくしながら、答えました。「だけど、魔法《まほう》の豆なんだよ。まいて、ひと晩《ばん》おくと、朝までには——空に——届《とど》くほど——ぐんと——高く——のびて——。やめてよ！　そんなに強くぶたないで！」

ジャックの母さんは、今日ばかりはかっとしたので、思いきり息子《むすこ》をなぐっていたのです。気のすむまで叩《たた》いて、しかりつけると、ろくでもない豆つぶを窓《まど》の外へ放り投げ、夕ごはんも食べさせずに息子《むすこ》をベッドに追いやりました。

これがあの豆の魔法《まほう》の力だっていうんなら、頼《たの》むから、もう魔法《まほう》はかんべんして、とジャックはしょげてしまいました。

とはいえ、もともと元気で明るいたちなので、まもなく寝入《ねい》り、ぐっすりと眠《ねむ》りましたけれどね。

目がさめたとき、ジャックはまず、月明かりがさしこんでいるのかと思いました。部屋の物がみんな緑色がかって見えたからです。そのあと、小さな窓《まど》に目をやりました。窓《まど》は葉っぱでカーテンみたいにふさがれています。ジャックはぱっとベッドから飛びだすと、次の瞬間《しゅんかん》には、着がえもしないまま、これまで見たこともないほど太い豆の茎《くき》をのぼっていきました。あのちょっと変わった小さなおじいさんのいったことは、本当だったんです！　母さんが庭に放り投げた豆のひとつが、土の上に落ち、根づいて、夜のあいだにぐんぐんのびて……

どこへ？

空に届《とど》くまで？　どこであれ、ジャックは確《たし》かめにいくつもりでした。

そこで、どんどん、どんどん、どんどんのぼっていきました。のぼるのは、すいすいでした。太い豆の茎《くき》には両側に葉っぱが生えていて、はしごみたいになっていたからです。それでも、ジャックはすぐに息が切れてしまいました。なので、ひと息ついてから、またのぼり、さてもうひと息ついたものかどうか首をかしげはじめたとき、広くて真っ白に輝《かがや》いている道が、目の前にどこまでも、どこまでも、どこまでものびていました。

なので、次は歩くことにして、とことこ、とことこ、とことこ進んでいくと、背《せ》の高い真っ白に輝《かがや》いている家が見え、広くて白い玄関《げんかん》がありました。

その玄関口《げんかんぐち》には、たいそう大きな女の人が立っていて、おかゆ用の黒い鍋《なべ》を手にしていました。さて、夕ごはんを食べなかったジャックは、おなかがぺこぺこでしたので、おかゆ用の鍋《なべ》を見て、それはそれはていねいに頼《たの》みました。「おはようさんです、おかみさん。あの、朝ごはんをごちそうしてもらえませんか？」

「朝ごはん！」女の人はおうむ返しにいいました。じつは、この女の人は人食《ひとく》い鬼《おに》のおかみさんでした。「あんた、朝ごはんがほしいったって、あんたこそ朝ごはんにされちまいそうだよ。いまにも、うちの亭主《ていしゅ》が帰ってくるからね。男の子ほど、うちの亭主《ていしゅ》が朝ごはんに好きな物はないんだ。太った男の子をパンにのせて、こんがり焼くのが大好物なんだよ」

さて、ジャックは臆病者《おくびょうもの》ではなかったし、ほしい物はたいていもらっていましたので、ほがらかにいいました。「朝ごはんを食べさせてもらえば、ぼく、もっと太るよ！」

それを聞いて、人食《ひとく》い鬼《おに》のおかみさんはけらけらと笑い、ジャックを家のなかへ入れてくれました。このおかみさんは、じつのところ、見かけの半分も悪い人ではなかったんですよ。けれど、おかみさんがくれた大きなおわん入りのミルクがゆを、ジャックがすっかり食べおわらないうちに、家じゅうががたがたと揺《ゆ》れはじめました。人食《ひとく》い鬼《おに》が帰ってきたのです！

ズシン！　ズシン！　ズシン！

「かまどのなかに隠《かく》れな、急いで！」人食《ひとく》い鬼《おに》のおかみさんが叫《さけ》び、かまどの鉄の扉《とびら》がちょうど閉《し》まったとき、人食《ひとく》い鬼《おに》が大またで入ってきました。かまどの上にある引きぶたには、蒸気《じょうき》が出ていく小さな穴《あな》があいているので、ジャックには人食《ひとく》い鬼《おに》が見えました。

なんとまあ、大きな図体《ずうたい》なんでしょう。羊が三頭もベルトにくくりつけてあります。人食《ひとく》い鬼《おに》はそれをテーブルに放り投げて、叫《さけ》びました。「おい、女房《にょうぼう》、こいつを朝めしに焼いてくれ。今朝《けさ》はこれっぽっちしか手に入らなんだ、なんてこった！かまどは熱いか？」そういって、人食《ひとく》い鬼《おに》は取っ手をさわりにいきました。すわ一大事、ジャックはどっと冷《ひ》や汗《あせ》が出ました。

「焼くだって！」人食《ひとく》い鬼《おに》のおかみさんがおうむ返しにいいました。「ふん、とんでもない！　こんなちびっこいのを焼いたら、からからに乾《かわ》いて燃《も》えかすになっちまう。ゆでたほうがいいよ」

そこで、ゆでる準備《じゅんび》にかかりました。けれど、人食《ひとく》い鬼《おに》は部屋のなかをかぎまわりはじめました。「なんだ、このにおいは——羊の肉じゃねえな」と、がらがら声でいいました。それから、恐《おそ》ろしい形相《ぎょうそう》で、これはぜったいに人食《ひとく》い鬼《おに》に間違《まちが》いないということをいったのです。

「くん、くん、くくん、くん、
人間の血のにおいがするぞ。
生きてようが、死んでようが、
骨《ほね》をすりつぶして、パンにしてくれようぞ」

「馬鹿《ばか》をおいい！」おかみさんがいいました。「あんたが夕ごはんに食べた男の子の骨《ほね》のにおいじゃないか。煮立《にた》ててスープにしてるとこなんだよ！　さ、朝ごはんを食べな、いい人食《ひとく》い鬼《おに》だから！」

そこで、人食《ひとく》い鬼《おに》は羊を三頭平らげ、それが終わると、カシの板で作った大きな箱まで行って、金貨の入っている大きな袋《ふくろ》を取りだしました。そして、おかみさんが朝ごはんの片《かた》づけをしているあいだ、それをテーブルに置き、中身を数えはじめたのです。と、やがてこっくりしはじめ、ついにはいびきをかくようになりました。あんまり大きないびきなので、家じゅうが揺《ゆ》れています。

なので、ジャックはかまどからこっそり出ると、金貨の入った袋《ふくろ》をひとつつかみ、そっと家を抜《ぬ》けだして、真っ白に輝《かがや》くまっすぐな広い道を一目散に走り、豆の木まで来ました。金貨の袋《ふくろ》を持ったままでは、とても重くて下りられないので、まずは袋《ふくろ》をぽんと放って落としたあとで、あたふたと下りていきました。

地面に着くと、母さんが庭にいて、大急ぎで金貨を拾っているところでした。いうまでもありませんが、袋《ふくろ》が破《やぶ》けてしまっていたからです。

「まったく、たまげたもんだ！」母さんがいいました。どこに行ってたんだい？ごらん！ 金貨が降《ふ》ってきたんだよ！」

「ううん、降《ふ》ってきたんじゃなくて」ジャックは説明しようとしました。「おいら、のぼったんだよ、この――」と振《ふ》り返《かえ》って豆の木を探《さが》しましたが、まあ、なんとしたこと！ 豆の木は影《かげ》も形もありません！ だから、わかったんです。やっぱり、ほんとに魔《ま》法《ほう》だったんだって。

そのあと、ジャックたちは金貨のおかげで長いあいだ幸せに暮《く》らし、寝《ね》たきりの父さんにおいしい物をなんでも食べさせてやりました。けれど、とうとう、ジャックの母さんが沈《しず》んだ顔をして、大きなソブリン金貨をひとつジャックの手にのせ、よく考えて商売しといで、という日がきました。もう金庫には金貨が一枚《まい》もないんだよ、と。このあと、一家は飢《う》え死《じ》にするしかありません。

その夜、ジャックは自分から夕ごはん抜《ぬ》きで寝《ね》にいきました。お金を稼《かせ》げなかったら、どっちみち、あまり食べないようにするしかありませんからね。たらふく食べて、まったく稼《かせ》がないなんて、いっぱしの男の子として恥《は》ずかしいことです。ジャックはそのあと、ぐっすり寝《ね》ました。食べすぎない男の子というのは、そういうもんです。で、目がさめてみると……。

おや、まあ！　部屋じゅうが緑色がかっていて、窓《まど》には葉っぱのカーテンがかかっているじゃありませんか！　別の豆が夜のあいだにのびたんです。ジャックはさっそく、急いでのぼっていきました。

こんどは、さほど時間がかからず、まっすぐな広くて白い道に着きました。そのあとすぐに、背《せ》が高くて白い家の前に出ました。そこには、広くて白い階段《かいだん》の上に、人食《ひとく》い鬼《おに》のおかみさんがおかゆ用の黒い鍋《なべ》を手にして立っていました。

そしてこんどは、ジャックはずうずうしくいいました。「おはよう、おかみさん。朝ごはんを食べさせてもらいにきたよ。夕ごはん抜《ぬ》きだったんだ。おなかがぺこぺこでさ」

「帰りな、やな子だね！」人食《ひとく》い鬼《おに》のおかみさんが答えました。「このまえ、あたしが男の子に朝ごはんをやったとき、うちの人は金貨の袋《ふくろ》をまるまるひとつ、なくしちまったんだ。あんた、あんときの男の子だろ」

「そうかもしれないし、そうじゃないかもしれないなあ」ジャックは笑いながらいいました。「朝ごはんをくれたら、ほんとのことを話してあげる。でも、それまではだめだよ」

人食《ひとく》い鬼《おに》のおかみさんはいたく興味《きょうみ》をそそられて、大きなおわんいっぱいのおかゆをジャックにやりました。けれど、半分も食べおわらないうちに、人食《ひとく》い鬼《おに》の来る音が――

ズシン！　ズシン！　ズシン！

「かまどに、お入り」人食《ひとく》い鬼《おに》のおかみさんが大声でいいました。「うちの人が眠《ねむ》っちまったら、教えとくれ」

ジャックが蒸気《じょうき》の出ていく小さな穴《あな》からのぞくと、人食《ひとく》い鬼《おに》のベルトには太った子牛が三頭つながれていました。

「今日はいつもより運がよかったぞ、女房《にょうぼう》！」人食《ひとく》い鬼《おに》が叫《さけ》ぶと、その声に家が揺《ゆ》れました。「さあ、早く！　こんなちっぽけなもんだが、朝めしに焼いてくれ！　かまどは熱いだろうな？」

そういって、人食《ひとく》い鬼《おに》はかまどの取っ手にさわろうとしましたが、おかみさんがきっぱりと反対しました。「かまどで焼くだって！　こんがり焼けるまで、何時間も待ってなくちゃならないじゃないか！　あぶり焼きにしてやるよ。ほら、暖炉《だんろ》の火が真っ赤っかだからさ！」

「くそっ！」人食《ひとく》い鬼《おに》はうなりました。そのあと、鼻をくんくんさせて、がなりました。

「くん、くん、くくん、くん、
人間の血のにおいがするぞ。
生きてようが、死んでようが、
骨《ほね》をすりつぶして、パンにしてくれようぞ」

「馬鹿《ばか》をおいい！」おかみさんがいいました。「先週あんたが食べた男の子の骨《ほね》のにおいじゃないか。骨《ほね》の残りを豚《ぶた》のえさ入れに入れたんだよ！」

「くそっ！」人食《ひとく》い鬼《おに》は悪態《あくたい》をつきましたが、あぶり焼きにした子牛を食べ、そのあと、おかみさんにいいました。「魔法《まほう》の卵《たまご》を産む、おれのめんどりを持ってこい。

金が見たいんだ」

そこで、人食《ひとく》い鬼《おに》のおかみさんは、ものすごく大きな黒いめんどりを持ってきました。とさかが真っ赤に輝《かがや》いています。おかみさんはテーブルにめんどりをどさっと置くと、朝ごはんのあと片《かた》づけにかかりました。

一人になった人食《ひとく》い鬼《おに》は、めんどりにいいました。「産め！」すると、めんどりはさっそく産みました。何を産んだと思いますか？　きれいなぴかぴか光る金の卵《たまご》です！

「そんじょそこらの汚《きたな》いニワトリとは大違《おおちが》いだな」人食《ひとく》い鬼《おに》は笑いました。「おまえがいりゃあ、おれは乞食《こじき》にならずにすむってわけさ」そして、こう続けました。「産め！」と、もう一度。すると、どうでしょう！　そこにはもうひとつ、美しいぴかぴかの金の卵《たまご》が！

ジャックは自分の目が信じられませんでした。そして、何があろうと、そのめんどりを手に入れようと決心しました。そこで、人食《ひとく》い鬼《おに》がいねむりを始めると、ぱっとかまどから飛びだし、めんどりをつかまえて一目散に走りました！　ところが、あらあら、獲物《えもの》がどんなものか考えていなかったんです。めんどりというのは、卵《たまご》を産んだあとで巣を離《はな》れると、必ずコケッコケッと鳴くものなんですよ。なので、このめんどりは大きな声を張《は》りあげて鳴き、人食《ひとく》い鬼《おに》が目をさましてしまいました。
「おれのめんどりは、どこ行った？」人食《ひとく》い鬼《おに》が叫《さけ》ぶと、おかみさんがあわててやってきました。二人はドアへと急ぎましたが、ジャックはとっくに逃《に》げだしていて、ずっと先にいたので、二人に見えたのは、コケッコケッと鳴きながらじたばたあばれる大きな黒いめんどりの足をつかんで、広くて白い道を走りさる、小さな姿《すがた》でした！

どんなふうに豆の木から下りたのか、ジャックにはわかりません。羽はバタバタ動くわ、葉っぱは飛びちるわ、羽根は舞《ま》うわ、コケッコケッと鳴かれるわで、てんてこまいのなか、ともかく地面に着くと、そこにはジャックの母さんがいて、空が落ちてくるんじゃないかと心配していました！

けれど、地面に着いたとたん、ジャックが「産め！」と大声でいうと、黒いめんどりはコケッコケッと鳴くのをやめ、素晴《すば》らしい大きなぴかぴかの金の卵《たまご》を産みました。

というわけで、ジャックたちは大満足。そのときから、お金で買える物はなんでも手に入りました。だって、何かほしいときには、「産め！」というだけで、黒いめんどりが金を出してくれるんですからね。

ところが、やがてジャックは、空にはお金じゃない物があるんじゃないかなあと、首をかしげるようになりました。そこで、月明かりの美しいある真夏の夜、夕ごはんを抜《ぬ》いて、ベッドに入る前に、水を入れた大きな缶《かん》を持ってこっそり庭へ出ると、窓《まど》の下の土に水をまきました。「豆はあとふたつどこかにあるはずだけど、水が足りなくて芽が出ないのかもしれないなあ」と思ったからです。そのあと、ぐっすりと眠《ねむ》りました。

さあ、次の朝どうなったでしょう！　目がさめると、緑色の明かりが部屋にちらちらとさしこんでいたので、ジャックはさっそく豆の木を懸命《けんめい》にのぼって、のぼって、のぼっていきました。

けれど、こんどは朝ごはんをねだるのはやめました。人食《ひとく》い鬼《おに》のおかみさんに顔を覚えられているに違《ちが》いないからです。そこで、大きな白い屋敷《やしき》のそばにある茂《しげ》みに身を隠《かく》していると、おかみさんが食器洗《しょっきあら》い場《ば》にいるのが見えたので、こっそりと家に忍《しの》びこみ、大釜《おおがま》に隠《かく》れました。だって、おかみさんはきっとまず最初に、かまどのなかを確《たし》かめるでしょうからね。

やがて、音が聞こえてきました。

ズシン！　ズシン！　ズシン！

大釜《おおがま》のふたの割《わ》れ目《め》からのぞくと、大きな牡牛《おうし》を三頭、ベルトにくくりつけた人《ひと》食《く》い鬼《おに》が見えました。ところがこんど、人食《ひとく》い鬼《おに》は家に入ってくるなり、叫《さけ》びました。

「くん、くん、くくん、くん、
人間の血のにおいがするぞ。
生きてようが、死んでようが、
骨《ほね》をすりつぶして、パンにしてくれようぞ」

というのも、大釜《おおがま》のふたは、かまどのとびらのようにぴっちり閉《し》まらなかったし、人食《ひとく》い鬼《おに》は、犬も顔負けなほど鼻がきいたからなんです。

「ああ、あたしだって、そうしてやるとも」人食《ひとく》い鬼《おに》のおかみさんが大声で応《おう》じました。「きっと、金貨の袋《ふくろ》やめんどりを盗《ぬす》んだ、あの悪たれ坊主《ぼうず》だ。そんなら、かまどに隠《かく》れてるよ！」

けれど、かまどのとびらをあけてみると、あらあら！　ジャックはいません！肉のかたまりがいくつか焼けて、肉汁《にくじゅう》がジュージューしたたり落ちているだけです。そこで、おかみさんは大笑いしていいました。「あんたもあたしも、馬鹿《ばか》もいいとこだね。あんたが昨夜つかまえて、あたしがあんたの朝ごはんにって焼いた男の子のにおいだよ。やだねえ、死んだ肉と生きてる肉を間違《まちが》えちまうなんて！　さあ、朝ごはんを食べな、いい人食《ひとく》い鬼《おに》だから！」

とはいえ、人食《ひとく》い鬼《おに》は焼いた男の子をたらふく食べたというのに、まだあきらめきれず、ときどき「くん、くん、くくん、くん」と鼻を鳴らしては、立ちあがってあちこちの戸棚《とだな》のなかを探《さが》すので、ジャックは人食《ひとく》い鬼《おに》が大釜《おおがま》を調べてみようなどと思いませんようにと、気が気ではありません。

けれど、人食《ひとく》い鬼《おに》はそこまで調べませんでした。そして、朝ごはんを食べおわると、おかみさんに呼《よ》びかけました。「魔法《まほう》の竪琴《たてごと》を持ってこい！　次はお楽しみといこう」

おかみさんは小さな竪琴《たてごと》を持ってきて、テーブルに置きました。すると、人食《ひとく》い鬼《おに》は椅子《いす》にもたれ、眠《ねむ》そうにいいました。

「歌え！」

すると、さあ、どうでしょう！　竪琴《たてごと》が歌いはじめたのです。どんな歌を歌ったか知りたいですって！　ありとあらゆる歌ですよ！　しかも、それはもう美しい声なので、ジャックは怖《こわ》いのを忘《わす》れ、人食《ひとく》い鬼《おに》は「くん、くん、くくん、くん」するのを忘《わす》れて眠《ねむ》ってしまいました。ただし、

いびきは
かいて
いません。

そこで、ジャックはネズミのようにこっそりと大釜《おおがま》から抜《ぬ》けだし、四つんばいになってテーブルまで行くと、そろりそろりとのびあがり、魔法《まほう》の竪琴《たてごと》をつかみました。なんとしても、持って帰るつもりだったからです。

ところが、ジャックが触《ふ》れるや、それは突拍子《とっぴょうし》もない大声で叫《さけ》びました。「ご主人さま！　ご主人さま！」というわけで、目をさました人食《ひとく》い鬼《おに》は、逃《に》げていくジ

ャックが見えましたので、すぐさま、あとを追いかけました。

いやはや、それこそ競走でした！　ジャックはすばしこいのですが、人食《ひとく》い鬼《おに》は一歩踏《ふ》みだせばジャックの倍も進みます。なので、ジャックが右に折れたり、左に折れたり、まわりこんだり、不意に方向を変えたりしても、ついには、ジャックが豆の木までやってきたとき、人食《ひとく》い鬼《おに》はあと十メートルほどのところまで迫《せま》ってきていました。考えている暇《ひま》はありません。ただちに、ジャックは豆の木に飛びつき、大急ぎで下りはじめました。そのあいだ、竪琴《たてごと》はひっきりなしに、あらんかぎりの声を張《は》りあげています。「ご主人さま！　ご主人さま！」豆の木をまだ四分の一しか下りていないあたりで、想像《そうぞう》もしていなかったほど恐《おそ》ろしく豆の木が揺《ゆ》れ、ジャックは危《あや》うく落ちそうになりました。人食《ひとく》い鬼《おに》が豆の木を下りはじめ、その重みのせいで、豆の木が嵐《あらし》に吹《ふ》かれたようにかしいだのです。ジャックは命からがら、いっそう急いで下りながら、叫《さけ》びました。「母さん！　母さん！　斧《おの》を持ってきて！　斧《おの》を持ってきて！」

まあ、なんと運のいいことに、ジャックの母さんは裏庭《うらにわ》で木を切っていて、こんどこそ空が落ちたに違《ちが》いないと思い、駆《か》けだしました。ジャックが地面に着くなり竪琴《たてごと》を放りだすと、竪琴《たてごと》はさっそくあらゆる美しい歌を歌いはじめました。ジャッ

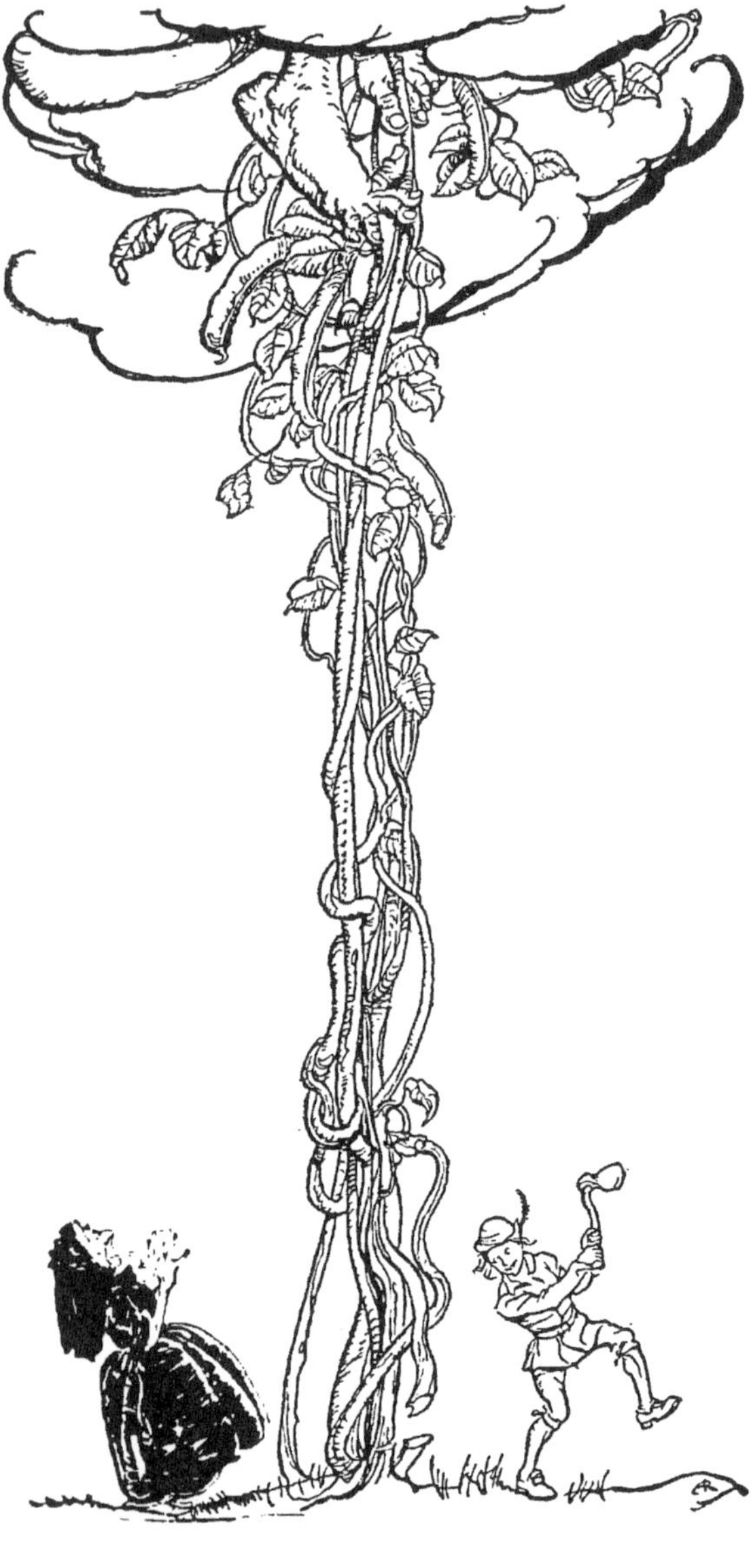

クは母さんが持ってきた斧《おの》をつかんで、豆の木に思いっきり、ぐさり。豆の木は風に吹《ふ》かれた大麦よろしく、ゆらゆらと揺《ゆ》れました。

「やめろ!」人食《ひとく》い鬼《おに》が必死で豆の木にしがみついて叫《さけ》びました。けれど、ジャックは豆の木を倒《たお》してしまいたかったし、ここぞとばかりの一撃《いちげき》を見舞《みま》ったので、たまりません。人食《ひとく》い鬼《おに》は豆の木からまっさかさまに転げ落ち、当然のことながら、脳天《のうてん》がかち割《わ》れて、その場で死んでしまいました。

そのあと、ジャックたちはとても幸せに暮《く》らしました。お金はいくらでもありますし、寝《ね》たきりの父さんが退屈《たいくつ》したら、竪琴《たてごと》を出して、「歌え!」といいさえすれば、あら、不思議!　お日さまの下にあるあらゆる物の歌を歌ってくれるのですからね。そんなこんなで、ジャックはあまり首をかしげることがなくなり、ずいぶん役立つ人になりました。

そうそう、最後の豆は、まだ芽が出ていません。いまも庭にあるんですよ。

これから芽が出てくるでしょうか?

どんな子どもが豆の木をよじのぼって、空へ行くのでしょう?

その子は何を見つけるのでしょう?

楽しみですね!

ねこっ皮

むかしむかし、身分の高い男の人がいました。素晴《すば》らしい土地や屋敷《やしき》をいくつも持っていて、それを継《つ》いでくれる息子《むすこ》がほしくてほしくてたまりませんでした。そのため、奥方《おくがた》が女の子を産むと、これがまた、だれもかなわないほど愛らしいというのに、まったく目もくれず、こういいました。「それの顔をけっしてわたしに見せるな」

というわけで、女の子は父親の目に触《ふ》れぬまま十五歳《さい》を迎《むか》え、美しい娘《むすめ》に成長して、そろそろ結婚《けっこん》する年ごろとなりました。

すると、父親がぞんざいにいいました。「最初に申しこんできた男と結婚《けっこん》させるがいい」さあ、この話が知《し》れ渡《わた》ると、最初にやってきたのはよりによって、いやらしくて感じの悪い老人でした。それで、娘《むすめ》はどうしたらいいのかわからず、鶏《にわとり》の世話をするおかみさんのところへ相談にいきました。そのおかみさんはこういいました。「銀の布《ぬの》でできた服をくれなきゃ、結婚《けっこん》しないといっておやり」すると、相手は銀の布《ぬの》でできた服を持ってきたのですが、だからといって娘《むすめ》は結婚《けっこん》したくなかったので、また鶏《にわとり》の世話をするおかみさんのところへ行くと、おかみさんはこういいました。「金の服をくれなきゃ、結婚《けっこん》しないといっておやり」すると、相手は金の服を持ってきたのですが、まだ娘《むすめ》は結婚《けっこん》したくなかったので、またまた鶏《にわとり》の世話をするおかみさんのところへ行くと、おかみさんはこういいました。「空を飛んでる鳥という鳥の羽根で作った服をくれなきゃ、結婚《けっこん》しないといっておやり」すると、相手はある男に豆を山のように持たせて外へ出しました。その男は空を飛んでいる鳥という鳥に、こんなふうに呼《よ》びかけました。「どの鳥にも豆をひとつぶやるから、羽根を一枚《まい》置いていけ」そこで、どの鳥も豆をひとつぶもらって、羽根を一枚《まい》置いていったので、相手はその羽根をぜんぶ使って服を作り、娘《むすめ》に渡《わた》しました。けれど、それでも娘《むすめ》は、いやらしくて感じの悪い老人と結婚《けっこん》したくなかったので、またまた鶏《にわとり》の世話をするおかみさんのところへ、どうしたらいいか聞きにいきました。おかみさんはこういいました。「だったら、ねこの皮でできた服をくれなきゃ、といっておやり」すると、相手はねこの皮でできた服を作ったので、娘《むすめ》はそれを着て、ほかの服をひとまとめにして持ち、夜になってから森のなかへ逃《に》げました。

さて、先へ先へと、ずんずん、ずんずん歩いていって、森のはずれに出たところ、立派《りっぱ》なお城《しろ》が見えました。そこで、水晶《すいしょう》のように澄《す》んだ滝《たき》のそばに見事な服を隠《かく》してから、お城《しろ》の門まで行き、ここで雇《やと》ってくださいと頼《たの》みました。お城《しろ》の奥方《おくがた》さまは娘《むすめ》を見て、いいました。「お気の毒なことに、あまりいいお仕事はありませんが、もしよかったら、皿洗《さらあら》いはいかがかしら」そこで、娘《むすめ》は台所へ下りていき、ねこの皮を着ていたため、ねこっ皮と呼《よ》ばれるようになったのです。でも、料理番からひどくこき使われたので、みじめな毎日を送っていました。

ところが、まもなく、お城《しろ》の若《わか》い主《あるじ》がお帰りになり、そのお祝いに盛大《せいだい》な舞踏会《ぶとうかい》がもよおされることになりました。その話を召使《めしつか》いたちがあれこれしているとき、ねこっ皮がいいました。「まあ、すてき。ねえ、料理番さん、ぜひぜひわたしも行きたいわ！」「なんだって！　この薄汚《うすぎたな》い恥知《はじし》らずの小娘《こむすめ》が」と料理番はいいました。「その汚らしいねこっ皮を着たままで、立派《りっぱ》な殿方《とのがた》や奥方《おくがた》さまたちのいらっしゃるところへ出ようってのかい？　さぞかしいい見物《みもの》だろうよ！」そして、水の入った洗《あら》いおけを持つと、ねこっ皮の顔に中身をぶちまけました。けれど、ねこっ皮は耳を振《ふ》っただけで、何もいい返しませんでした。

いよいよ舞踏会《ぶとうかい》の日がやってきたとき、ねこっ皮はそっと台所から出て、ほかの服を隠《かく》しておいた森のはずれへ行きました。それから、水晶《すいしょう》のように澄《す》んだ滝《たき》で体を洗《あら》い、銀の服をまとうと、舞踏会《ぶとうかい》へ急ぎました。娘《むすめ》が舞踏室《ぶとうしつ》に入るなり、だれもがその美しさと、しとやかさに目を見張《みは》り、若《わか》い主《あるじ》はたちまち心を奪《うば》われました。若主人《わかしゅじん》は最初の踊《おど》りの相手をしてほしいと娘《むすめ》に頼《たの》み、その長い夜のあいだ、ほかのだれとも踊《おど》ろうとしなかったのです。

別れる時間になると、若主人《わかしゅじん》はいいました。「どうか教えてください、美しい娘《むすめ》さん、どこにお住まいなのですか?」

けれど、ねこっ皮は腰《こし》をかがめておじぎをして、答えました。

「やさしいお方、本当のことを告げねばならぬのなら、話します。

「おけの水」という看板《かんばん》のあるところに、住んでいるのでございます」

そのあと、娘《むすめ》はお城《しろ》を急いであとにすると、またねこの皮を着て、料理番に気づかれないよう、そっと皿洗《さらあら》い場《ば》に戻《もど》りました。

すぐ次の日、若主人《わかしゅじん》は「おけの水」という看板《かんばん》を探《さが》しに出かけましたが、見つかりませんでした。そこで、お城《しろ》の奥方《おくがた》である母君のところへ行き、銀の服を着たあの娘《むすめ》さん以外の人とは結婚《けっこん》しません、ときっぱりいいました。あの娘《むすめ》さんが見つかるまで、けっして心は休まらないでしょう、と。そんなわけで、あの美しい娘《むすめ》がまた姿《すがた》をあらわしてくれることを願い、まもなく次の舞踏会《ぶとうかい》が開かれることになりました。

そこで、ねこっ皮は料理番にいいました。「まあ、ぜひわたしも行きたいわ！」これを聞いた料理番は、かっとして怒鳴《どな》りました。「なんだって、おまえ、この薄《うす》汚《ぎたな》い、恥知《はじし》らずの小娘《こむすめ》が！　立派《りっぱ》な殿方《とのがた》や奥方《おくがた》さまたちのいらっしゃるところに出るなんて、さぞかしいい見物《みもの》だろうよ！」そして、ひしゃくを振《ふ》りあげると、ねこっ皮の背中《せなか》にぶち下ろしました。けれど、ねこっ皮は耳を振《ふ》っただけで、森へ走っていき、そこでまず体を洗《あら》ってから金の服をまとうと、舞踏室《ぶとうしつ》へ向かいました。

娘《むすめ》が舞踏室《ぶとうしつ》へ入るなり、そこにいた人たちの目がいっせいに娘《むすめ》に注がれました。若主人《わかしゅじん》は、これがあの「おけの水」の女性《じょせい》だとすぐにわかり、最初の踊《おど》りをごいっしょにと手を取ってから、最後の踊《おど》りまでずっとその手を離《はな》しませんでした。最後の踊《おど》りが終わったとき、どこに住んでいるのかと、若主人《わかしゅじん》はまたたずねました。でも、娘《むすめ》はこう答えただけでした。

「やさしいお方、本当のことを告げねばならぬのなら、話します。

「折れたひしゃく」という看板《かんばん》のあるところに、住んでいるのでございます」

そういうと、娘《むすめ》は腰《こし》をかがめておじぎをし、舞踏室《ぶとうしつ》からさっと走りでると、金の服を脱《ぬ》ぎ、ねこの皮を着て、料理番に気づかれないよう、皿洗《さらあら》い場《ば》に戻《もど》りました。

次の日、若主人《わかしゅじん》は「折れたひしゃく」という看板《かんばん》の出ているところが見つからなかったので、また舞踏会《ぶとうかい》を開いてほしいと頼《たの》みました。あの美しい娘《むすめ》にまた会えるかもしれないと思ったのです。

すると、ねこっ皮は料理番にいいました。「まあ、ぜひわたしも舞踏会《ぶとうかい》に行きたいわ！」これを聞いた料理番は、怒鳴《どな》りました。「そりゃ、さぞかしいい見物《みもの》だろうよ！」そして、ねこっ皮の頭を網《あみ》じゃくしで叩《たた》いて、網《あみ》じゃくしを破《やぶ》いてしまいました。けれど、ねこっ皮は耳を振《ふ》っただけで、森へ行き、まずは水晶《すいしょう》のように澄《す》んだ泉《いずみ》で体を洗《あら》ってから、鳥の羽根の服をまとうと、舞踏室《ぶとうしつ》へ向かいました。

娘《むすめ》が入っていくと、あまりにも豪華《ごうか》で珍《めずら》しい服と、あまりにも美しい姿《すがた》に、だれもがおどろきました。でも、若主人《わかしゅじん》はすぐにそれが自分の恋《こい》する美しい人だとわかり、ひと晩《ばん》じゅう、娘《むすめ》としか踊《おど》りませんでした。舞踏会《ぶとうかい》が終わったとき、若主人《わかしゅじん》は娘《むすめ》がどこに住んでいるのか、どうしても教えてほしいといいましたが、娘《むすめ》はこう答えただけでした。

「やさしいお方、本当のことを告げねばならぬのなら、話します。

「破《やぶ》れた網《あみ》じゃくし」という看板《かんばん》のあるところに、住んでいるのでございます」

そういうと、娘《むすめ》は腰《こし》をかがめておじぎをし、森へ逃《に》げてしまいました。けれど、このとき、若主人《わかしゅじん》は娘《むすめ》のあとをついていき、娘《むすめ》が鳥の羽根の立派《りっぱ》な服を脱《ぬ》いで、ねこの皮の服に着がえるところを見たので、娘《むすめ》がなんと自分の城《しろ》の皿洗《さらあら》い女《おんな》であることがわかりました。

次の日、若主人《わかしゅじん》は母君のところへ行き、皿洗《さらあら》い女《おんな》のねこっ皮と結婚《けっこん》したいと話しました。

「ゆるしません」お城《しろ》の主《あるじ》の奥方《おくがた》はいいました。「わたくしが生きているかぎり、ゆるしません」

ところが、若主人《わかしゅじん》は悲しむあまり、寝床《ねどこ》にふせったまま、重い病気になってしまいました。医者がいくら治そうとしても、若主人《わかしゅじん》はねこっ皮の手からでなければいやだと、どんな薬も飲もうとしません。とうとう医者は母君のもとへ行き、もしねこっ皮との結婚《けっこん》をおゆるしにならなければ、若《わか》さまはお亡《な》くなりになるでしょう、ともうしあげました。こうなったら、母君は二人の結婚《けっこん》を認《みと》めるしかありません。しかたなくねこっ皮を呼《よ》びにやると、ねこっ皮は金の服を着て母君の前にあらわれました。すると、いうまでもなく、母君はたちまち気持ちがかわり、息子《むすこ》がこれほど美しい娘《むすめ》と結婚《けっこん》するのをたいそう喜びました。

こうして、二人は結婚《けっこん》し、しばらくすると、男の赤ちゃんが生まれて、かわいい男の子に成長しました。さて、ある日、その男の子が四歳《さい》ぐらいのとき、女の乞食《こじき》が戸口にやってきました。奥方《おくがた》であるねこっ皮は、男の子にお金を少し持たせて、これを乞食《こじき》の女に渡《わた》しておやり、といいました。そこで、男の子はそれを渡《わた》しにいったのですが、女が連れている赤《あか》ん坊《ぼう》の手にお金をにぎらせたのです。すると、赤《あか》ん坊《ぼう》は身をのりだして、男の子にキスをしました。

さて、そのようすを見ていたのが、あの意地悪な年寄《としよ》りの料理番です（まだやめさせられていなかったのは、ねこっ皮があまりにもやさしい心の持ち主だったからですよ）。料理番はいいました。「ほれ、ごらん、乞食《こじき》の子どもどうしってのは、なかよくなるもんなんだね！」

この悪口に、ねこっ皮は深くきずつきました。そこで、若主人《わかしゅじん》である夫のところへ行き、自分の父親のことをつつみ隠《かく》さず話して、自分の親たちがどうしているか見にいってほしいと頼《たの》みました。そこで、二人は城主《じょうしゅ》の立派《りっぱ》な馬車に乗り、森を通りぬけて、ねこっ皮の父親の屋敷《やしき》まで行きました。それから、近くに宿をとって、ねこっ皮はそこに残りました。まずは夫だけが出かけ、父親がねこっ皮を自分の娘《むすめ》として認《みと》めるかどうか聞くつもりだったのです。

ところで、ねこっ皮の父親は、あのあと、ほかに子どもを一人もさずからず、奥《おく》さんをなくして、この世に一人ぼっちとなり、嘆《なげ》き悲《かな》しんで暮《く》らしていました。若《わか》主人《しゅじん》が入っていっても、顔すら上げないほど、ふさぎこんでいたのです。そこで、ねこっ皮の夫は、椅子《いす》をすぐそばまで近づけて聞きました。「あの、失礼ですが、あなたには以前お嬢《じょう》さんがおありで、一度も顔を見ず、自分の子どもと認《みと》めていらっしゃらなかったのではありませんか?」

すると、ふさぎこんでいた老人が、涙《なみだ》ながらにいいました。「そのとおり。わしは心の冷たい罪人《ざいにん》じゃ。だが、死ぬ前にひと目でも娘《むすめ》に会えるなら、この世にあるわしの全財産《ぜんざいさん》と引きかえにしてもいい」

そこで、若主人《わかしゅじん》はねこっ皮がその後どうなったかを話し、父親を宿屋へ案内しました。そのあと、妻《つま》の父親も自分の城《しろ》へ連れていき、みんなでいつまでも幸せに暮《く》らしたということです。

三びきの子豚《こぶた》

むかしあるところに、年とった母さん豚《ぶた》が住んでいました。子豚《こぶた》が三びきいましたが、食べ物が足りなくなってきたので、それぞれ一人立ちして暮《く》らしておいき、と子どもたちにいいました。

そんなわけで、まずは一番上の兄さん豚《ぶた》が家を出ました。道をとっとこ、とんと歩いていくと、わらをひとたば持っている男に会ったので、とても丁寧《ていねい》に頼《たの》みました。「失礼ですが、もしよかったら、そのわらをいただけますか？　家を作るんです」

すると、その男は、なんて礼儀《れいぎ》正《ただ》しい子豚《こぶた》だろうと感心してわらをくれましたので、子豚《こぶた》はせっせと働いて、わらできれいな家を作りました。

さて、家ができたあと、そのあたりをオオカミが通りかかりました。家を見たオオカミは、なかから子豚《こぶた》のにおいがすることに気づきました。

そこで、戸を叩《たた》いていいました。

「子豚《こぶた》くん！　子豚《こぶた》くん！　入れてくれよ！　入れてくれよ！」

けれど、鍵穴《かぎあな》からオオカミのカギツメのついた大きな手を見た子豚《こぶた》は、いい返しました。「だめ！　だめ！　だめ！　そんなの、とん、とん、とんでもなーい！」

ところが、オオカミは歯をむきだして、いいました。「だったら、ふーっと吹《ふ》いて、ぷーっと吹《ふ》いて、おまえの家を吹《ふ》き倒《たお》してやる」

いったとおり、オオカミはふーっと吹《ふ》いて、ぷーっと吹《ふ》いて、家を吹《ふ》き倒《たお》しました。それから、子豚《こぶた》をぺろりと平らげて行ってしまいました。

次に、二番めの子豚《こぶた》がとっとこ、とんと歩いていくと、ハリエニシダの枝《えだ》をひとたば持っている男に会ったので、とても丁寧《ていねい》に頼《たの》みました。「失礼ですが、もしよかったら、そのハリエニシダをいただけますか？　家を作るんです」

すると、その男は、なんて礼儀《れいぎ》正《ただ》しい子豚《こぶた》だろうと感心してハリエニシダをくれましたので、子豚《こぶた》はせっせと働いて、きれいな家を作りました。

さて、家ができたあと、またそのあたりをオオカミが通りました。家を見たオオカミは、なかから子豚《こぶた》のにおいがすることに気づきました。

そこで、戸を叩《たた》いていいました。

「子豚《こぶた》くん！　子豚《こぶた》くん！　入れてくれよ！　入れてくれよ！」

けれど、鍵穴《かぎあな》からオオカミの大きな耳を見た子豚《こぶた》は、いい返しました。「だめ！　だめ！　だめ！　そんなの、とん、とん、とんでもなーい！」

ところが、オオカミは歯をむきだして、いいました。「だったら、ふーっと吹《ふ》いて、ぷーっと吹《ふ》いて、おまえの家を吹《ふ》き倒《たお》してやる」

いったとおり、オオカミはふーっと吹《ふ》いて、ぷーっと吹《ふ》いて、家を吹《ふ》き倒《たお》しました。それから、子豚《こぶた》をぺろりと平らげて行ってしまいました。

最後に、三番めの子豚《こぶた》がとっとこ、とんと歩いていくと、荷車でれんがを運んでいる男に会ったので、とても丁寧《ていねい》に頼《たの》みました。「失礼ですが、もしよかったら、そのれんがをいただけますか？　家を作るんです」

すると、その男は、なんて育ちのよい子豚《こぶた》だと感心してれんがをくれましたので、

子豚《こぶた》はせっせと働いて、きれいな家を作りました。

　さて、家ができたあと、またまたそのあたりをオオカミが通りかかりました。家を見たオオカミは、なかから子豚《こぶた》のにおいがすることに気づきました。

　そこで、戸を叩《たた》いて、いいました。「子豚《こぶた》くん！　子豚《こぶた》くん！　入れてくれよ！　入れてくれよ！」

　けれど、鍵穴《かぎあな》からオオカミの大きな目を見た子豚《こぶた》は、いい返しました。「だめ！　だめ！　だめ！　そんなの、とん、とん、とんでもなーい！」

「だったら、ふーっと吹《ふ》いて、ぷーっと吹《ふ》いて、おまえの家を吹《ふ》き倒《たお》してやる」オオカミは歯をむきだして、いいました。

　さあ、どうなることでしょう！　オオカミはふーっと吹《ふ》いて、ぷーっと吹《ふ》きました。また、ふーっと吹《ふ》いて、ぷーっと吹《ふ》きました。またまた、ふーっと吹《ふ》いて、ふーっと吹《ふ》いて、ぷーっと吹《ふ》いて、ぷーっと吹《ふ》きました。けれど、ど

うしても家を吹《ふ》き倒《たお》せません。とうとう息が切れて、ふーっとも吹《ふ》けないし、ぷーっとも吹《ふ》けなくなりました。そこで、少しばかり考えをめぐらせてから、いいました。「子《こ》豚《ぶた》くん！　おれ、最高にうまいカブの畑を知ってるぜ」

「ふうん」子豚《こぶた》はいいました。「それはどこにあるの？」

「案内してやるよ」オオカミがいいました。「明日の朝、六時に仕度《したく》して待ってな。誘《さそ》いにくるからさ。そしたら、いっしょにお百姓《ひやくしよう》のスミスさんの畑へ行って、カブを取ってきて食べようぜ」

「それはご親切に、ありがとう」子豚《こぶた》はいいました。「六時ぴったりに、仕度《したく》して待ってるね」

　けれど、おわかりのように、この子豚《こぶた》はそうやすやすとだまされやしません。五時に起きて、お百姓《ひやくしよう》のスミスさんの畑へさっさと行き、カブを抜《ぬ》くと、家に帰って朝ごはんに食べていました。そのとき、オオカミが戸をがたがた鳴らして叫《さけ》びました。「子豚《こぶた》くん！　子豚《こぶた》くん！　仕度《したく》してないのかい？」

「仕度《したく》だって？」子豚《こぶた》はいいました。「おやおや！　なんてのろまなんだろうね、きみときたら！　ぼくはとっくに畑へ行って、戻《もど》ってきたよ。鍋《なべ》でカブを煮《に》て、朝ごはんにおいしく食べてるところさ」

これを聞いたオオカミは、かっとして顔が真っ赤になりましたが、どんなことをしても子豚《こぶた》を食べるつもりだったので、なんでもないふりをして、こういいました。「気に入ってくれたんなら、うれしいぜ。でもな、おれはカブよりうまい物を知ってるんだぞ」

「へえ」子豚《こぶた》はいいました。「それは何？」

「メリー果樹園《かじゅえん》のうまいりんごの木さ。みずみずしくて甘《あま》いりんごが、どっさりなってるんだ！　明日の朝、五時に仕度《したく》して待ってたら、誘《さそ》いにきてやるから、いっしょにりんごを取ろうぜ」

「それはご親切に、ありがとう」子豚《こぶた》はいいました。「ちゃんと五時ぴったりに、仕度《したく》して待ってるよ」

さて、次の朝、子豚《こぶた》はうんと早起きして、四時にもならないうちに、りんごを取りに出かけました。けれど、おわかりのように、オオカミは一度だまされたので、もうその手は食うまいと、四時に出かけたのです。ですから、子豚《こぶた》がりんごをかごに半分ほど取ったころ、舌《した》なめずりをしながら道をやってくるオオカミが見えました。

「よう！」オオカミはいいました。「もう来てたのか！　ずいぶん早起きだな！　いいりんごかい？」

「とっても」子豚《こぶた》は答えました。「ひとつ放ってやるから、食べてごらん」こういって、子豚《こぶた》はりんごをうんと遠くへ放ったので、オオカミが拾いにいっているすきに、かごを持って木から飛び下り、家へかけ戻《もど》ることができました。

さあ、オオカミはいよいよ腹《はら》を立てましたが、次の日、子豚《こぶた》の家へ行くと、猫《ねこ》なで声《ごえ》でドア越《ご》しに呼《よ》びかけました。「子豚《こぶた》くん！　子豚《こぶた》くん！　きみはとびきり賢《かしこ》いから、ごほうびを買ってやりたいんだ。今日の午後、おれといっしょに定期市へ行くなら、ひとつ買ってやるぜ」

「それはご親切に、ありがとう」子豚《こぶた》はいいました。「何時に出かける？」

「三時きっかりだ」オオカミがいいました。「ちゃんと仕度《したく》しとけよ」

「三時前に、仕度《したく》しておくよ」子豚《こぶた》はくすっと笑いながらいいました。そして、そのとおり！　午前中の早いうちに家を出て、定期市へ行くと、ぶらんこに乗って心ゆくまで楽しく遊んだあと、ごほうびにとバター作り用のおけを買い、三時よりもずっと前に家へ向かって急ぎました。けれど、ちょうど丘《おか》のてっぺんに着いたとき、なんと、オオカミが丘《おか》をのぼってくるのが見えました。はあはあと息を切らし、かんかんになって顔を真っ赤にしています！

さあ、隠《かく》れるところといえば、バター作り用のおけのなかしかありません。そこで、子豚《こぶた》はおけのなかに入り、ふたを閉《し》めました。すると、おけは丘《おか》を転がりはじめました――ドッシン、ドッシン、ゴロゴロゴロ！

そりゃもう、なかに入っている子豚《こぶた》は悲鳴をあげましたとも。騒《さわ》がしい音を聞いたオオカミは、バター作り用のおけがドッシン、ドッシン、ゴロゴロゴロ！と自分に向かって転がってくるのを見て恐《おそ》れをなし、尻尾《しっぽ》を巻《ま》いて逃《に》げだしました。けれど、どうしても子豚《こぶた》を食べてやろうという気持ちは変わらなかったので、次の日、子豚《こぶた》の家へ出かけると、定期市へ行く約束を守れなくて本当に悪かったと謝《あやま》りました。とんでもなく恐《おそ》ろしい得体の知れない物が、ぞっとする音を立てながら、こっちに向かって転がってきたせいなんだよ、ってね。

「おやおや！」子豚《こぶた》はいいました。「それはきっとぼくだよ！　きみの来るのが見えたから、バター作り用のおけのなかに隠《かく》れたら、転がりはじめちゃったんだ！

悪かったねえ、きみを怖《こわ》がらせちゃってさ！」

これで、オオカミの堪忍袋《かんにんぶくろ》の緒《お》が切れました。オオカミは怒《おこ》って地団駄《じだんだ》を踏《ふ》み、煙突《えんとつ》から下りていって食ってやるから覚悟《かくご》しろ、といいました。けれど、オオカミが屋根へのぼっていくあいだ、子豚《こぶた》は火をがんがん燃《も》やし、水をたっぷり入れた大きな鍋《なべ》を置いて、お湯をわかしました。そのあと、ちょうどオオカミが煙突《えんとつ》から下りてきたとき、鍋《なべ》のふたを取ったので、オオカミはドボン！　と煮《に》えたぎるお湯のなかへ落ちてしまいました。

というわけで、子豚《こぶた》はまたふたをして、オオカミをぐつぐつ煮《に》たあと、夕ごはんにぺろりと食べましたとさ。

ノロウェイの黒牛

むかし、ノロウェイというところに身分の高いご婦人《ふじん》が住んでいて、娘《むすめ》が三人いました。三人とも美しく、ある晩《ばん》、どんな人と結婚《けっこん》したいかという話になりました。一番上の娘《むすめ》は、いいました。「伯爵《はくしゃく》よりも身分の低い人は、いや」二番めの娘《むすめ》は、いいました。「男爵《だんしゃく》よりも身分の低い人は、いや」けれど、いちばんきれいで、いちばん明るい三番めの娘《むすめ》は、頭をくいっと上げ、いたずらっぽく目をきらめかせていいました。「なぜそんなにお高くとまっているの？　わたしだったら、ノロウェイの黒牛でもいいわ」

これを聞いたお姉さん二人は、おだまりなさい、あんな怪物《かいぶつ》の話を軽々しくしてはだめ、といいました。だって、ほら、こんなふうに書かれているんですからね。

「ノロウェイの、黒い、黒い、牛の

話をしてもみよ、ろうそくの
あかりもふと消え、歌うたいの
楽器をつまびく手も止まる」

というわけですから、間違《まちが》いなく、ノロウェイの黒牛は恐《おそ》ろしい怪物《かいぶつ》だとされていたのです。

けれど、末の娘《むすめ》は、そんなことおかしくってとばかりに、ノロウェイの黒牛でもいいわ、と三度もくり返しました。

はてさて！　なんと、まさに次の日、六頭立ての馬車がいきおいよくやってくると、なかに乗っていた伯爵《はくしゃく》が、一番上の娘《むすめ》に結婚《けっこん》を申しこんだのです。そこで、結《けっ》婚式《こんしき》に続いてにぎやかな披露宴《ひろうえん》がもよおされ、花嫁《はなよめ》と花婿《はなむこ》は六頭立ての馬車に乗っていきました。

さて、なんと、その次の日、四頭立ての馬車がいきおいよくやってくると、なかに乗っていた男爵《だんしゃく》が、二番めの娘《むすめ》と結婚《けっこん》したいといいました。そこで、二人は結婚《けっこん》し、にぎやかな披露宴《ひろうえん》がもよおされ、花嫁《はなよめ》と花婿《はなむこ》は四頭立ての馬車に乗っていきました。

さあ、このあと家に残ったのは末の娘《むすめ》だけとなり、末娘《すえむすめ》は三姉妹のなかでいちばん器量がよく陽気だったので、母親がことのほかかわいがっていました。ですから、ある朝、戸口から恐《おそ》ろしいうなり声が聞こえてきて、とてつもなく大きな黒牛が花嫁《はなよめ》を待っていたとき、母親がどんな気持ちだったか、おわかりでしょう。

母親は涙《なみだ》にくれ、嘆《なげ》き悲《かな》しみました。はじめのうち、娘《むすめ》は怖《こわ》がって逃《に》げ、地下室に隠《かく》れました。けれど、黒牛がずっと待っているので、しまいには上へ行き、いいました。「わたしはノロウェイの黒牛だっていいわといったんですもの、約束は守らなければならないわ。さようなら、お母さま、もう二度とお会いできないでしょう」

そういって娘《むすめ》が背《せ》に乗ると、黒牛はとても静かに歩いていきました。おまけに、そのあともずっと、どこよりも平らな細道や、どこよりも歩きやすそうな道を通るので、しまいに娘《むすめ》はだんだんと怖《こわ》くなくなりました。ただ、とてもおなかがすいてきて、気が遠くなりそうでした。すると、黒牛がうなり声などではなく、たいそうやさしい声で、こういったのです。

「わたしの左の耳から出る物を、お食べ。
わたしの右の耳から出る物を、お飲み。
残った物は、とっておくがいい。

明日の夜の食事にするがいい」

そこで、娘《むすめ》はそのとおりにしました。なんとまあ、左の耳はおいしそうな食べ物でいっぱい、右の耳は何よりもおいしそうな飲み物でいっぱい。何日分もの食べ物がどっさりあまるほどでした。

こうして、黒牛と娘《むすめ》は先へ先へと、たくさんの恐《おそ》ろしい森や、たくさんのさびしい荒《あ》れ野《の》を抜《ぬ》けていきました。黒牛はいっときたりとも休まず、食べたり飲んだりもしません。けれど、黒牛の背《せ》に乗った娘《むすめ》はずっと、黒牛の左の耳にある物を食べ、右の耳にある物を飲み、残ったごちそうはとっておいて、次の日の夜の分にしました。おまけに、黒牛の柔《やわ》らかな広い背《せ》で、あたたかく眠《ねむ》りました。

さて、ようやく娘《むすめ》と黒牛は、とある立派《りっぱ》なお城《しろ》に着きました。そこには男爵《だんしゃく》や男《だん》爵《しゃく》夫人たちがおおぜい集まっていて、娘《むすめ》と黒牛という妙《みょう》な組みあわせを見ると、おおいに不思議がりました。そして、娘《むすめ》を夕食に招《まね》きましたが、黒牛は野原へ連れていき、牛らしく夜をすごすようにと放っておきました。

けれど、次の朝になると、黒牛はまた娘《むすめ》を背負《せお》おうと待っていました。さて、娘《むすめ》は楽しい人たちと離《はな》れたくはありませんでしたが、自分がした約束を思いだして、黒牛と娘《むすめ》はさらに先へ先へと、つるがからむたくさんの森を抜《ぬ》け、たくさんの高い山を越《こ》えていきました。いつも黒牛は娘《むすめ》のために、どこよりも平らな細道を選び、イバラの生えているところをよけて進みます。娘《むすめ》は黒牛の左の耳から出てくる物を食べ、右の耳から出てくる物を飲みました。黒牛の背《せ》に乗りました。こうして、

このようにして、ようやく、とびきり豪華《ごうか》なお屋敷《やしき》に着きました。そこでは、公《こう》爵《しやく》や公爵《こうしやく》夫人たち、伯爵《はくしやく》や伯爵《はくしやく》夫人たちが、楽しそうにすごしていました。そして、黒牛と娘《むすめ》という妙《みよう》な組みあわせにたいへん驚《おどろ》きましたが、娘《むすめ》には、ごいっしょに夕食をどうぞと誘《さそ》い、黒牛には、広い庭園へ放して夜をすごさせようとしました。けれど娘《むすめ》は、黒牛が自分をよく気づかってくれたことを思いだし、黒牛を牛小屋に入れておいしい物を食べさせてやってほしいと頼《たの》みました。

さあ、そのとおりにしてもらった次の朝、黒牛は娘《むすめ》を背《せ》に乗せようと、お屋敷《やしき》の玄関《げんかん》の前で待っていました。娘《むすめ》は立派《りつぱ》な人たちと別れたくはありませんでしたが、それでも明るく黒牛の背《せ》に乗りました。こうして、黒牛と娘《むすめ》はさらに先へ先へと、深いイバラの茂《しげ》みを抜《ぬ》け、ぞっとする崖《がけ》をのぼっていきました。けれど、いつも黒牛はイバラを自分の足で踏《ふ》みしめ、どこよりも平らな細道を選びました。娘《むすめ》は黒牛の左の耳から出てくる物を食べ、右の耳から出てくる物を飲んだので、おなかはす

きませんでしたが、黒牛はひと口も食べたり飲んだりしませんでした。このようにして、やがて黒牛が疲《つか》れ、片足《かたあし》を引きずるようになって、ちょうど日が沈《しず》みかけたころ、美しい御殿《ごてん》に着きました。そこでは王子や王女たちが、緑の芝生《しばふ》で舞踏会《ぶとうかい》をもよおしていました。そして、黒牛と娘《むすめ》という妙《みょう》な組みあわせにたいへん驚《おどろ》きましたが、娘《むすめ》にはいっしょに踊《おど》りましょうと誘《さそ》い、黒牛のことは召使《めしつか》いにいいつけて野原へ連れていかせようとしました。

けれど娘《むすめ》は、黒牛が自分にしてくれたことを思いだして、こういいました。「いいえ、いけません！　この牛をわたしといっしょにいさせてくださいな！」それから、黒牛が引きずっていた足に大きなトゲがささっているのを見て、かがみこみ、トゲを抜《ぬ》いてやりました。

すると、まあ、どうしたことでしょう！　そこにいるだれもが驚《おどろ》いたことに、たちまち恐《おそ》ろしげな醜《みにく》い牛が消え、それまで見たこともないようなみめうるわしい王子があらわれたのです。王子は乗せてきた娘《むすめ》の足もとにひれふし、苦しい魔法《まほう》を破《やぶ》ってくれたことに感謝《かんしゃ》しました。

王子と結婚《けっこん》したがっている悪い魔女《まじょ》が王子に魔法《まほう》をかけ、美しい娘《むすめ》が心からやさしくしてくれるまで、牛でいるようにしていたのです。

「けれど、まだ安心はできません。あなたは夜の魔法《まほう》をといてくださいましたが、昼の魔法《まほう》はまだ残っていますから」王子はいいました。

というわけで、次の朝、王子はまた黒牛の姿《すがた》に戻《もど》ってしまいました。黒牛と娘《むすめ》はどんどん先へ先へと進み、やがて暗くてうすきみわるい谷間にやってきました。そこで王子は娘《むすめ》に、背《せ》から下りて大きな岩の上に座《すわ》るようにといいました。

「あなたはここにいてください」と黒牛は続けました。「わたしは悪魔《あくま》との戦いに出かけてきます。さあ、いいですか！　わたしがいないあいだ、手も足も動かしてはなりません。でないと、わたしは二度とあなたを見つけられなくなります。あなたのまわりがすべて青く変わったら、わたしが悪魔《あくま》をうち負かしたしるしです。けれど、すべて赤く変わったら、わたしが悪魔《あくま》に負けたことになります」

そういうと、とてつもないうなり声をあげて、黒牛は戦いの相手を探《さが》しにいきました。

はてさて！　娘《むすめ》はネズミのようにじっと、手も足も、目さえも動かさずに座《すわ》って、いつまでも、ずっとずっと待っていました。やがて、ようやくあたりいちめんが青く変わりました。ところが、愛する人が勝ったと思うと、うれしくてたまらず、娘《むすめ》はじっとしていることを忘《わす》れて片足《かたあし》を持ちあげると、もう一方の足の上に組んでしまったのです！

そのあと、娘《むすめ》はいつまでも、ずっとずっと待っていました。長いあいだ座《すわ》ったまま、もうくたくたに疲《つか》れてしまうくらいに。そのあいだじゅう、王子は娘《むすめ》を探《さが》していたのですが、見つけられませんでした。

とうとう、娘《むすめ》は立ちあがり、世界じゅうをめぐってでも愛する人を探《さが》そうと、あてもなく歩きはじめました。先へ先へと、どんどん進んでいくうち、ある日のこと、暗い森のなかに一軒《けん》ぽつんとたっている、こぢんまりした小屋にやってきました。そこにはとても年をとったおばあさんが住んでいて、娘《むすめ》に食べ物を与《あた》え、泊《と》まるところを貸《か》してくれました。おまけに、娘《むすめ》の願いがかなうことを祈《いの》って、三つの木の実をくれました。クルミとハシバミと野ハシバミを、それぞれひとつずつです。そして、こういいました。

「おまえの　胸《むね》がつぶれそうなとき、
続いてまたもや、つぶれそうなとき、
木の実を割《わ》れば、からのなかから、あらわれる
おまえにふさわしい者が　あらわれる」

そのあと、娘《むすめ》は元気がわいてきて、また先へと歩いていくうちに、やがて道が大きなガラスの丘《おか》にふさがれているところに出ました。なんとかその丘《おか》をのぼろうとしても、のぼれません。まるで氷の山のようで、つるつる、つるつるすべってばかりで、進めないのです。

そこで、すすり泣いたり嘆《なげ》いたりしながら、ほかに道はないかと探《さが》し、丘《おか》のふもとをまわっていきましたが、足がかりひとつ見つかりません。ようやく、かじ屋があるところにくると、かじ屋は、娘《むすめ》が七年と七日のあいだ、まじめに奉公《ほうこう》してくれるなら、ガラスの丘《おか》をのぼれる鉄の靴《くつ》を作ってやるよ、といいました。そこで、娘《むすめ》は七年もの長いあいだと、七日という短いあいだ、かじ屋の家で糸をつむぎ、床《ゆか》を掃除《そうじ》し、洗濯《せんたく》をしました。すると、そのお給金として、かじ屋が娘《むすめ》に鉄の靴《くつ》を作ってくれたので、娘《むすめ》はそれをはいて、つるつるすべる丘《おか》をのぼり、その先へと向かいました。

さて、娘《むすめ》がさほど行かないうちに、立派《りっぱ》な貴族《きぞく》や奥方《おくがた》たちが連れだって馬車に乗り、通りすぎていきました。もれ聞こえてきたのは、若《わか》いノロウェイ公爵《こうしゃく》の結婚式《けっこんしき》で開かれる予定の盛大《せいだい》なもよおしについてでした。そのあと娘《むすめ》は、大勢《おおぜい》の人たちがさまざまな素晴《すば》らしい品を持っていくそばを通りすぎました。聞いたところによると、それは公爵《こうしゃく》の結婚式《けっこんしき》のお祝いだということでした。こうして、やっと娘《むすめ》はお城《しろ》に着きました。そこの中庭には、料理番やパン職人《しょくにん》が大勢《おおぜい》ひしめき、あっちへ走っていく者もいれば、こっちへ走ってくる者もいて、だれもがてんてこまい。何から手をつけたらいいのか、わからないようでした。

そこへ、お着きを知らせる角笛と大声が聞こえてきました。「道をあけろ！　道をあけろ、ノロウェイ公爵《こうしゃく》と花嫁《はなよめ》さまのお通りだ！」

そばを馬車に乗って通りすぎていったのは、娘《むすめ》が半分だけ魔法《まほう》をといた、あの美しい王子でした。かたわらには、その日のうちに王子と結婚《けっこん》しようとしている魔女《まじょ》がいます。

なんとまあ！　それを見た娘《むすめ》は、いまにも胸《むね》がつぶれそうになりました。続いてまたもや、つぶれそうになりました。ということは、あの木の実をひとつ割《わ》るときがきたのです。そこで、娘《むすめ》はクルミの実を割《わ》りました。いちばん大きかったからです。すると、なかには不思議な小さい女の人がいて、見たことがないほど速く羊の毛をすいていました。

さあ、この不思議な小人を見た魔女《まじょ》は、それをくれるなら城《しろ》にある物をなんでもあげようと娘《むすめ》にいいました。

「公爵《こうしゃく》さまとのご結婚《けっこん》を一日のばして、今夜わたしを公爵《こうしゃく》さまの寝室《しんしつ》に置いてくださるなら」と娘《むすめ》はいいました。「これをさしあげましょう」

さて、どんな魔女《まじょ》もそうなのですが、この魔女《まじょ》もなんであれ自分の思いどおりにしたがるたちでしたし、花婿《はなむこ》はもうすっかり自分のものだと安心しきっていましたので、よろしいと答えました。ただし、公爵《こうしゃく》が寝室《しんしつ》で休む前に、自分の手でミルク酒を飲ませました。それを飲むと、だれでも朝までぐっすりと眠《ねむ》ってしまうのです。

こうして、娘《むすめ》は公爵《こうしゃく》の寝室《しんしつ》に入って二人でいることを許《ゆる》され、次のように歌ったり、ためいきをついたりして、長い長い夜をすごしました。

あなたを探《さが》して、はるばると
あなたを求めて、何年も
ついに、おそばに来たものを
愛《いと》しいノロウェイの公爵《こうしゃく》よ
あなたは何もおっしゃらぬ——

けれど、公爵《こうしゃく》は目をさまさず、眠《ねむ》り続けました。そこで、朝がくると、娘《むすめ》は自分がそこにいたことを知らせずに、そばを離《はな》れるしかありませんでした。

すると、また胸《むね》がつぶれそうになり、続いてまたまたつぶれそうになったので、娘《むすめ》はハシバミの実を割《わ》りました。二番めに大きかったからです。すると、そのなかには不思議な小さい小さい女の人がいて、目にもとまらぬ速さで糸をつむいでいました。さあ、この不思議なものを見た魔《ま》女《じょ》の花嫁《はなよめ》は、それもほしくなって、結婚式《けっこんしき》をまた一日のばしました。そしてまた娘《むすめ》は公爵《こうしゃく》の寝室《しんしつ》で、ためいきをついたり、次のように歌ったりして、長い長い夜をすごしたのです。

あなたを探《さが》して、はるばると
あなたを求めて、何年も
ついに、おそばに来たものを
愛《いと》しいノロウェイの公爵《こうしゃく》よ
あなたは何もおっしゃらぬ？

けれど、公爵《こうしゃく》は魔《ま》女《じょ》の手から眠《ねむ》り薬《ぐすり》を飲んだので、身動きひとつしません。そこで、朝がくると、娘《むすめ》は自分がそこにいたことを知らせずに、そばを離《はな》れるしかありませんでした。

するとこんどこそ胸《むね》がつぶれそうになり、そのうえまたさらに胸《むね》がつぶれそうになったので、娘《むすめ》は最後の木の実、野ハシバミの実を割《わ》りました。そのなかには、それはもう不思議な、それ以上ないほど小さい小さい小さい女の人がいて、目にもとまらぬ速さで糸をまきとっていました。

これに目を奪《うば》われて大喜びした魔女《まじょ》の花嫁《はなよめ》は、それもほしいと、またまた結婚式《けっこんしき》を一日遅《おく》らせ、娘《むすめ》がその夜ずっと公爵《こうしゃく》の寝室《しんしつ》ですごすのを許《ゆる》しました。

ところが、その朝、公爵《こうしゃく》が身じたくをしていると、若《わか》い召使《めしつか》いたちが仲間とおしゃべりする声が耳に入りました。夜になると、妙《みょう》なためいきや歌が聞こえるというのです。公爵《こうしゃく》は、忠実《ちゅうじつ》な年寄《としよ》りの召使《めしつか》いにたずねました。「若《わか》い召使《めしつか》いたちは、なんの話をしているのだ？」

この年寄《としよ》りの召使《めしつか》いは、魔女《まじょ》の花嫁《はなよめ》が大きらいだったので、こう答えました。「今夜、ご主人さまが眠《ねむ》り薬《ぐすり》をお飲みにならなければ、このふた晩《ばん》わたしが眠《ねむ》れずに聞いたものがおわかりになるでしょう」

この言葉にひどく驚《おどろ》いた公爵《こうしゃく》は、魔女《まじょ》の花嫁《はなよめ》が夜のミルク酒をもってきたとき、もっと甘《あま》くしてくれといいました。そして、甘《あま》くするために魔女《まじょ》がハチミツを取りにいったすきに、公爵《こうしゃく》はそのミルク酒を捨《す》て、飲んでしまったふりをしました。

さあ、その夜、暗くなったころ、娘《むすめ》はこうして公爵《こうしゃく》のそばにいられるのは、もう最後だと思って、重い心をかかえ、公爵《こうしゃく》の寝室《しんしつ》にそっと入りました。そのとき、公《こう》爵《しゃく》はちゃんと目をさましていました。娘《むすめ》はベッドのわきに座《すわ》って、次のように歌いはじめました。

あなたを探《さが》して、はるばると――

すると、すぐにその声の主がだれだかわかった公爵《こうしゃく》は、娘《むすめ》を抱《だ》きしめました。そして、自分はそれまで魔女《まじょ》の魔法《まほう》にかかって何もかも忘《わす》れていたけれど、いまはすべて思いだし、魔法《まほう》はすっかりとけたと話しました。

そんなわけで、用意してあった披露宴《ひろうえん》のごちそうは、二人の結婚式《けっこんしき》のために使われました。なぜって、花嫁《はなよめ》になりたかった魔女《まじょ》は、自分の魔力《まりょく》が消えてしまったことに気づくや、すたこらさっさと国から逃《に》げだし、そのあとなんの音沙汰《おとさた》もなくなったからです。

ねこたちのおしゃべり　～物語の豆知識《まめちしき》～

ラッカムさんのこと

チェシャ

まずは簡単《かんたん》にラッカムさんの紹介《しょうかい》を。『不思議の国のアリス』とか『ピーターパン』とか、みんなが好きな本の挿絵《さしえ》をいっぱい描《か》いた人だよ。最高の挿絵《さしえ》画家《がか》です。

チェッコ

ラッカムさんの妖精《ようせい》や怪物《かいぶつ》はすごいんだから。世界中にファンがいるよ。

チェシャ

チェシャ猫《ねこ》ほどじゃないよ（笑）。

物語の意外なふるさと

チェシャ

この本には、北欧《ほくおう》からやってきた人たちが持ちこんだお話もあるんだ。

詳《くわ》しくは七ページの地図を見てね。

チェッコ

「めんどりペニー」はデンマーク生まれだし、ノロウェイはノルウェーのことなんだって！

あとね、この本の「赤ずきんちゃん」はかなり古くて元の形に近い。もともとは北欧神話《ほくおうしんわ》だけど、オオカミのフェンリルという冬の魔物《まもの》が太陽をのみこんじゃうから、北欧《ほくおう》の冬はまっくらなんだ。実を言うと赤ずきんちゃんの正体は太陽で、あのオオカミはフェンリルなんだって。大きい口でなんでも飲みこんじゃうんだよ、ガオーって。

えっ、チェシャ、どこ行くの!? ソファにもぐったら本を紹介《しょうかい》できないよ?

スコットランドについて

チェッコ

えーと。チェシャがいなくなったので、続きはぼくだけでやります。

「妖精王《ようせいおう》の黒い塔《とう》」のふるさとスコットランドはイギリス

の北側で、小麦が育たない寒い土地でね。小麦のパンはすごいごちそうだったの。今はそうでもないけど。

だからスコットランドの人たちは寒さよけの大きなウールの布《ぬの》にくるまっていたんだよ。その布《ぬの》をキルトといって、家族ごとに柄《がら》が決まっていたの。その柄《がら》が日本でもおなじみのタータンチェックだよ。

「フォックス氏の城《しろ》」のご参考までに、女性《じょせい》の着こなしを地図にのせておいたから見てね。

妖精《ようせい》と蹄鉄《ていてつ》とシェイクスピア

チェシャ

チェッコったら、もう。おどかさないでよ。

チェッコ　勝手にこわがったんだろ。じゃあ、続きはきみがやって。

チェシャ　いいよ。あのね、シェイクスピアの有名な作品は昔話の影《えい》響《きょう》を受けてるんだって。イギリスの学者さんに言わせると、たとえば「イグサのずきん」は『リア王』の元ネタらしいよ。

チェッコ　昔話ならではの親しみやすさを作品に取り入れようとしたのかな。

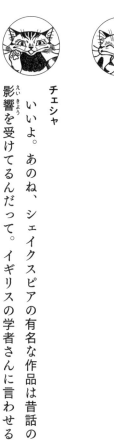

チェシャ

それもあるけど、イギリス人は古いものが大好きだから。大昔はいろんな神様がいたけど、キリスト教の神様に負けて妖精《ようせい》やお化けにされちゃったんだって。

お化けに家に入られたら大変だろ。でも、お化けは馬の蹄《てい》鉄《てつ》が苦手で、家の入口につるしておけば逃《に》げちゃう。蹄《てい》鉄《てつ》は今でも幸運のモチーフに使われるけど、ほんとは魔《ま》よけなんだ。

チェッコ

……ねこ用の戸口にもつけようか？

めんどりペニー

ある日、めんどりペニーが干《ほ》し草《くさ》を積んだ庭で小麦をつっついていると、ポコッ！　どんぐりが頭に落ちてきました。「あらまあ、たいへん！」と、めんどりペニー。「空が落ちてくる。王さまに知らせに行かなくちゃ」

というわけで、とことこ、とことこ、とことこ歩いていくと、おんどりロッキーに出会いました。「どこ行くの、めんどりペニー？」おんどりロッキーが聞きました。「どこも何も！　空が落ちてくるって王さまに知らせに行くの」めんどりペニーはいいました。「いっしょに行ってもいい？」おんどりロッキーが聞きました。「どうぞどうぞ」めんどりペニーはいいました。こうして、めんどりペニーとおんどりロッキーは、空が落ちてくると王さまに知らせに行きました。

二羽《わ》がとことこ、とことこ、とことこ歩いていくと、アヒルのダドルズに出会いました。「どこ行くの、めんどりペニーとおんどりロッキー？」アヒルのダドルズが聞きました。「どこも何も！　空が落ちてくるって王さまに知らせに行くの」めんどりペニーとおんどりロッキーはいいました。「いっしょに行ってもいい？」アヒルのダドルズが聞きました。「どうぞどうぞ」めんどりペニーとおんどりロッキーはいいました。こうして、めんどりペニーとおんどりロッキーとアヒルのダドルズは、空が落ちてくると王さまに知らせに行きました。

というわけで、三羽《わ》がとことこ、とことこ歩いていくと、ガチョウのプーシーに出会いました。「どこ行くの、めんどりペニーとおんどりロッキーとアヒルのダドルズ？」ガチョウのプーシーが聞きました。「どこも何も！　空が落ちてくるって王さまに知らせに行くの」めんどりペニーとおんどりロッキーとアヒルのダドルズはいいました。「いっしょに行ってもいい？」ガチョウのプーシーが聞きました。「どうぞどうぞ」めんどりペニーとおんどりロッキーとアヒルのダドルズはいいました。こうして、めんどりペニーとおんどりロッキーとアヒルのダドルズとガチョウのプーシーは、空が落ちてくると王さまに知らせに行きました。

というわけで、四羽《わ》がとことこ、とことこ歩いていくと、七面鳥のラーキーに出会いました。「どこ行くの、めんどりペニーとおんどりロッキーとアヒルのダドルズとガチョウのプーシー？」七面鳥のラーキーが聞きました。「どこも何も！　空が落ちてくるって王さまに知らせに行くの」めんどりペニーとおんどりロッキーとアヒルのダドルズとガチョウのプーシーはいいました。「いっしょに行ってもいい、めんどりペニーとおんどりロッキーとアヒルのダドルズとガチョウのプーシー？」七面鳥のラーキーが聞きました。「もちろん、どうぞどうぞ、七面鳥のラーキー」めんどりペニーとおんどりロッキーとアヒルのダドルズとガチョウのプーシーはいいました。こうして、めんどりペニーとおんどりロッキーとアヒルのダドルズとガチョウのプーシーと七面鳥のラーキーは、みんなそろって、空が落ちてくると王さまに知らせに行きました。

　というわけで、五羽《わ》がとことこ、とことこ、とことこ歩いていくと、キツネのウォクシーに出会って、キツネのウォクシーはめんどりペニーとおんどりロッキーとアヒルのダドルズとガチョウのプーシーと七面鳥

のラーキーに聞きました。「どこ行くの、めんどりペニーとおんどりロッキーとアヒルのダドルズとガチョウのプーシーと七面鳥のラーキー？」めんどりペニーとおんどりロッキーとアヒルのダドルズとガチョウのプーシーと七面鳥のラーキーは、キツネのウォクシーにいいました。「空が落ちてくるって王さまに知らせに行くの」

「へえ！　でも、これは王さまのところへ行く道じゃないよ、めんどりペニーとおんどりロッキーとアヒルのダドルズとガチョウのプーシーと七面鳥のラーキー」キツネのウォクシーはいいました。「正しい道を知ってるから、教えてやろうか？」

「それじゃ、お願い、キツネのウォクシー」めんどりペニーとおんどりロッキーとアヒルのダドルズとガチョウのプーシーと七面鳥のラーキーはいいました。こうして、めんどりペニーとおんどりロッキーとアヒルのダドルズとガチョウのプーシーと七面鳥のラーキーとキツネのウォクシーは、みんなそろって、空が落ちてくると王さまに知らせに行きました。というわけで、五羽《わ》と一ぴきがとことこ、とことこ、とことこ歩いていくと、狭《せま》くて暗い穴《あな》がありました。さて、これはキツネのウォクシーの住みかでした。けれど、キツネのウォクシーはめんどりペニーとおんどりロッキーとアヒルのダドルズとガチョウのプーシーと七面鳥のラーキーにいいました。

「ここが王さまのお城《しろ》への近道だよ。おれについてくりゃ、すぐに着く。おれが先に行くから、あとからおいで、めんどりペニーとおんどりロッキーとアヒルのダドルズとガチョウのプーシーと七面鳥のラーキー」

「そりゃもう、もちろん、ほいほいほいっと、ついてくよ」めんどりペニーとおんどりロッキーとアヒルのダドルズとガチョウのプーシーと七面鳥のラーキーはいいました。

さて、キツネのウォクシーは自分の住みかに入ったけれど、あまり奥《おく》まで行かずにくるりと向きを変え、めんどりペニーとおんどりロッキーとアヒルのダドルズとガチョウのプーシーと七面鳥のラーキーを待ちかまえました。さて、最初に暗い穴《あな》に入っていったのは、七面鳥のラーキー。奥《おく》まで行かないうちに——

「ムギュッ！」

キツネのウォクシーが七面鳥のラーキーの首をへし折って、その体を左肩越《ひだりかたご》しにうしろへ投げました。次にガチョウのプーシーが入っていくと——

「ムギュッ！」

ガチョウのプーシーは首をへし折られて、七面鳥のラーキーの隣《となり》に放り投げられました。その次にアヒルのダドルズがよたよた入っていくと——

「ムギュッ！」

キツネのウォクシーがアヒルのダドルズの首をへし折って、その体を七面鳥のラーキーとガチョウのプーシーのわきに放り投げました。そのあと、おんどりロッキーが気どった足どりで穴《あな》に入っていくと、さほど歩かないうちに——

「ムギュッ！」

けれど、おんどりロッキーは、鳴かせようとしてもしなくても、いつだって鳴くものだから、キツネのウォクシーの肩越《かたご》しに七面鳥のラーキーとガチョウのプーシーとアヒルのダドルズのほうへ投げられる前に、「コケコッ――」とだけ鳴く間《ま》がありました。

さて、めんどりペニーは暗い穴《あな》に入ってすぐ、おんどりロッキーの鳴き声が聞こえたので、こう思いました。「あらま、たいへん！　夜が明けちゃった。卵《たまご》を産む時間だわよ」

そこで、めんどりペニーはくるっと向きを変えて、自分の巣へあわてて走りだしたので、キツネに食べられずにすんだけど――空が落ちてくることを、王さまに知らせなかったってわけ！

井戸《いど》の三つの首

むかしむかし、コルチェスターという土地をおさめている王さまがいて、勇ましく、たいへん賢《かしこ》く、すぐれた王として名をはせていました。

ところが、その盛《さか》りの最中に、愛するお妃《きさき》が亡《な》くなり、ちょうど大人になる年ごろの姫《ひめ》が残されました。このお姫《ひめ》さまは、美しく、親切で、やさしいことで、遠くまであまねく知られていました。そんなとき、奇妙《きみょう》なことがあれこれ起こり、コルチェスターの王さまの耳に、とほうもなくどっさり財産《ざいさん》を持っている女性《じょせい》が自分と結婚《けっこん》したがっているという話が入りました。ところが、その女性《じょせい》は年をとっていて、醜《みにく》く、わし鼻で、気難《きむずか》しいのです。おまけに、同じくらい醜《みにく》い娘《むすめ》がいるのでした。

そして、なぜだかわかりませんが、愛するお妃《きさき》が亡《な》くなってほんの数週間しかたっていないのに、王さまはぞっとするようなその女性《じょせい》を花嫁《はなよめ》にしようと城《しろ》へ連れてきて、華々《はなばな》しい宴《うたげ》を開き、結婚《けっこん》してしまいました。さて、この花嫁《はなよめ》がいの一番にしたたのは、王さまの心をねじ曲げて、王さまの娘《むすめ》である、美しく、親切で、やさしいお姫《ひめ》さまを憎《にく》ませることでした。というのも、よくあることですが、醜《みにく》い花嫁《はなよめ》も、その醜《みにく》い娘《むすめ》も、お姫《ひめ》さまをひどくねたんでいたからです。

さあ、この若《わか》いお姫《ひめ》さまは、本当のお父さんまでもが自分をきらっていることを知って、お城《しろ》での生活に嫌気《いやけ》がさし、そこから逃《に》げだしたいと思うようになりました。そんなある日のこと、庭に一人でいる王さまにたまたま出会ったものですから、膝《ひざ》をついてお願いしました。どうか、わたしを助けると思って、外の世界へ出してください、自分の幸せを探《さが》しに行きたいのです、とね。これを聞いた王さまは、娘《むすめ》の願いを受け入れ、これからの旅に備《そな》えて十分な仕度《したく》を整えてやるよう、新しい奥《おく》さんにいいました。けれど、ねたみ深い奥《おく》さんは、黒パンとかたいチーズを入れた粗末《そまつ》な布《ぬの》の袋《ふくろ》をひとつと、弱いビールの瓶《びん》を一本持たせただけでした。

それは王さまの娘《むすめ》が持っていく物としては、みじめすぎましたが、このお姫《ひめ》さまは誇《ほこ》り高《たか》かったので、不平はいいませんでした。そして、それを受け取り、お礼を述《の》べると、旅に出て、林や森を抜《ぬ》け、川や湖のほとりを歩き、山や谷を越《こ》えていきました。

ようやく、あるほら穴《あな》までやってくると、その入口にある石の上に、白いひげを生やした、それはそれは年をとっているおじいさんがいました。

「お早いことで、美しいお嬢《じょう》さん」おじいさんがいいました。「そんなに急いで、いずこへ行くのじゃ？」

「これはこれは、おじいさま」お姫《ひめ》さまは答えます。「自分の幸せを探《さが》しに行くのです」

「では、何を用意しているのじゃ、美しいお嬢《じょう》さん？」おじいさんが聞きました。

「そなたの袋《ふくろ》と瓶《びん》の中身は？」

「パンとチーズと弱いビールです、おじいさま」お姫《ひめ》さまはにこやかにいいます。

「よろしかったら、どちらもごいっしょしませんか？」

「それはもう、喜んで」と、おじいさん。持っている食べ物をお姫《ひめ》さまが取りだすと、おじいさんはそのほとんどを食べてしまいました。けれど、お姫《ひめ》さまはこんども不平をまったくいわず、こころよく、おじいさんがほしがるだけ食べさせてやりました。

さて、食べおわると、おじいさんはたいそう感謝《かんしゃ》して、こういいました。「そなたは美しく、親切で、やさしいお方じゃな。この杖《つえ》を持っていきなされ。通れなさそうなイバラの生《お》い茂《しげ》った生垣《いけがき》が、行く手をふさいでおるからの。この杖《つえ》で三度叩《たた》き、その都度こういうのじゃ。「お願い、生垣《いけがき》さん、わたしを通して」とな。そうすりゃ、そいつは道を開いて通してくれる。そのあと、井戸《いど》に着いたら、そのほとりに座《すわ》るんじゃ。何を見ても、驚《おどろ》くでないぞ。そして、頼《たの》まれたことは、なんでもやってやるがいい！」

そういうと、おじいさんはほら穴《あな》のなかに入っていったので、お姫《ひめ》さまは先へと進みました。しばらくすると、背《せ》が高くて分厚《ぶあつ》いイバラの生垣《いけがき》がありました。けれど、それを杖《つえ》で三度叩《たた》きながら、その都度、「お願い、生垣《いけがき》さん、わたしを通して」というと、生垣《いけがき》は広く道を開いて通してくれました。そのあと、井戸《いど》に着いたので、そのほとりに座《すわ》りました。すると、座《すわ》ったとたん、体のない金の首が水のなかから出てきて、浮《う》かびながらこんなふうに歌いました。

おいらを洗《あら》って、髪《かみ》をとかし、乾《かわ》くように置いとくれ、このほとりに
そっと、きれいに、通りゆく人々をながめられるように

「もちろんですとも」お姫《ひめ》さまはそういいながら、銀のくしを取りだしました。そして、首を膝《ひざ》にのせ、その金の髪《かみ》をとかしはじめました。とかしたあと、金の首

をそっと持ち、乾《かわ》くようにとサクラソウが咲《さ》くほとりに置きました。そのとたん、もうひとつの金の首があらわれ、浮《う》かびながらこんなふうに歌いました。

おいらを洗《あら》って、髪《かみ》をとかし、乾《かわ》くように置いとくれ、このほとりに
そっと、きれいに、通りゆく人々をながめられるように

「もちろんですとも」お姫《ひめ》さまはいいました。そして、金の髪《かみ》をとかしたあと、金の首をサクラソウが咲《さ》くほとりの、先ほどの首の横にそっと置きました。すると、三つめの首が井戸《いど》から出てきて、浮《う》かびながら同じように歌いました。

おいらを洗《あら》って、髪《かみ》をとかし、乾《かわ》くように置いとくれ、このほとりに
そっと、きれいに、通りゆく人々をながめられるように

「それはもう、喜んで」お姫《ひめ》さまはやさしくいいました。そして、首を膝《ひざ》にのせ、金の髪《かみ》を銀のくしでとかすと、サクラソウが咲《さ》くほとりには三つの金の首が並《なら》びました。お姫《ひめ》さまが休もうと腰《こし》を下ろし、三つの首を眺《なが》めると、三つの首はなんだか

とっても変わっていて、すてきに見えました。休みながら、お姫《ひめ》さまは、黒パンと、かたいチーズと、弱いビールを、楽しんで食べたり飲んだりしました。おじいさんが残してくれたのはわずかで、自分は王さまの娘《むすめ》でしたが、誇《ほこ》り高《たか》かったので不平はいわなかったのです。

するとと、最初の首が話をはじめました。「なあ、兄弟、ずいぶんとやさしくしてくれてるこの娘《むすめ》に、どんな運命を授《さず》けたらいいだろうな？　おいらは、娘《むすめ》に会う人がだれでもうっとりするほどの美しさをやろう」

「じゃあ、おいらは」ふたつめの首がいいました。「ナイチンゲールをしのぐほどの心地《ここち》いい声をやろう」

「じゃあ、おいらは」三つめの首がいいました。「国をおさめるいちばん偉《い》大《だい》な王さまと結婚《けっこん》するほどの幸運をやろう」

「ありがとう。それはもう、喜んで」お姫《ひめ》さまは答えました。「けれど、わたしが先へと歩きだす前に、あなたたちを井戸《いど》のなかに戻《もど》したほうがよいのではないかしら？　だって、あなたたちは金ですもの、通りがかりのだれかに盗《ぬす》まれるかもしれないでしょう」

これを聞いた三つの首は、そうしてくれといったので、お姫《ひめ》さまは三つの首を井《い》戸《ど》のなかに戻《もど》してやりました。三つの首がお姫《ひめ》さまの親切な考えに感謝《かんしゃ》して、別れの挨拶《あいさつ》をしたあと、お姫《ひめ》さまは旅を続けました。

さて、さほど遠くへ行かないうちに、その国の王さまが貴族《きぞく》たちと狩《か》りをしている森へやってきました。華《はな》やかな行進が森の空き地を通りぬけるあいだ、お姫《ひめ》さまは邪魔《じゃま》にならないよう、わきへよけていました。ところが、お姫《ひめ》さまの姿《すがた》を目にした王さまが、その美しさに心を打たれ、馬を止めました。

「美しい娘《むすめ》よ」王さまは声をかけました。「そなたはだれなのだ？　さように一人で森を抜《ぬ》けるとは、いずこへ向かっているのだ？」

「わたしはコルチェスターの王の娘《むすめ》でございます。自分の幸せを探《さが》しにまいったのです」お姫《ひめ》さまはいいました。その声はナイチンゲールよりもすてきでした。すると、王さまはすっかりお姫《ひめ》さまのとりこになり、お姫《ひめ》さまがいなくては生きていけないように感じましたので、馬から飛び下り、結婚《けっこん》してくださいとためらうことなく頼《たの》みました。

王さまがあまりにも心をこめて何度も頼《たの》むので、ついにお姫《ひめ》さまは結婚《けっこん》の申し出を受けました。そこで、王さまはそれはもう丁寧《ていねい》にお姫《ひめ》さまを自分の馬のうしろに乗せ、狩《か》りのお供《とも》たちについてこいと命じると、自分の城《しろ》へ戻《もど》りました。そして、お城《しろ》では、これ以上ないほど豪華《ごうか》でにぎやかな結婚式《けっこんしき》がおこなわれたのです。そのあと、幸せな二人は、堂々たる四輪馬車を仕立て、コルチェスターの王のもとへ婚《こん》礼《れい》の挨拶《あいさつ》に出かけました。ほんのわずかなあいだ旅していた、美しく、親切で、やさしいお姫《ひめ》さまが、世界でいちばん力のある王さまの花嫁《はなよめ》として、金で飾《かざ》りたてられた四輪馬車に乗って戻《もど》ってきたのです。その姿《すがた》を見たコルチェスターの人々の驚《おどろ》きと喜びは、想像《そうぞう》がつくというものでしょう。鈴《すず》が鳴りひびき、旗がはためき、太《たい》鼓《こ》が叩《たた》かれ、人々が万歳《ばんざい》をとなえ、何もかもが喜びにあふれていましたが、醜《みにく》いお妃《きさき》とその醜《みにく》い娘《むすめ》だけは、ねたみと憎《にく》しみで、いまにもはちきれそうでした。というのも、おわかりでしょうが、忌《い》みきらっていた娘《むすめ》がいまや二人の地位を追いこし、城《しろ》でおこなわれるあらゆる儀式《ぎしき》で、二人の前を行くのですからね。

さて、訪問《ほうもん》が終わって、若《わか》い王さまと花嫁《はなよめ》が、いつまでも幸せに暮《く》らそうと自分たちの国へ帰ったあと、醜《みにく》くて意地の悪い王女が、醜《みにく》いお妃《きさき》である母親にいいました。「あたしも外の世界に出てって、幸せを見つけてくる。あの気取ったつまんない子が、あれだけの物を手に入れたんなら、あたしだって手に入れられるでしょ?」

そこで、母親は賛成《さんせい》し、娘《むすめ》に絹《きぬ》のドレスや毛皮を用意し、食べ物として、砂糖《さとう》、アーモンド、さまざまな砂糖菓子《さとうがし》のほかに、マラガ産白ぶどう酒の大きいだるま瓶《びん》を持たせました。これだけあれば、王女の仕度《したく》として十分です。

そうした万全《ばんぜん》の準備《じゅんび》をしてもらった王女は出発し、血のつながっていない姉妹と同じ道をたどりました。するとやがて、白いひげを生やしたおじいさんに出会いました。おじいさんはほら穴《あな》の入口にある石の上に座《すわ》っていました。

「お早いことで」おじいさんがいいます。「そんなに急いで、いずこへ行くのじゃ？」

「それがあんたにどう関係あんのよ、じいさん？」王女はぶっきらぼうに答えました。

「では、その袋《ふくろ》と瓶《びん》のなかに、何を用意しているのじゃ？」おじいさんは静かにたずねました。

「あんたには関係ない、いい物ばっかりだよ」王女は高飛車《たかびしゃ》に答えました。

「年寄《としよ》りに何かくださらんか？」おじいさんは頼《たの》みました。

すると、王女は声をあげて笑いました。「ひと口だって、やだよ。ひと飲みだって、やだよ。あんたが喉《のど》をつまらせないようにね。まあ、そうなったところで、あたしにはどうってことないけどさ」王女は頭をつんとそらして答えました。

「だったら、そなたは不幸につきまとわれるがいい」おじいさんは立ちあがりな

がらいうと、ほら穴《あな》のなかへ入って
いきました。
　そんなわけで、王女が先へ行くと、
しばらくして、分厚《ぶあつ》いイバラの生垣《いけがき》
がありました。隙間《すきま》があるように見
えたので、通りぬけようとしました
が、生垣《いけがき》の真ん中まで行き着かない
うちに、イバラに包みこまれてしま
い、進むうちに体は引《ひ》っかき傷《きず》だら
け、服はずたずたになりました。こ
うして、血を流しながら歩いていく
うちに、井戸《いど》がありました。水を見
ると、王女は体を洗《あら》おうとして、ほ
とりにしゃがみました。ところが、
ちょうど両手を水にひたしたとき、
金の首が浮《う》かんできて、浮《う》かびなが

らこんなふうに歌いました。

おいらを洗《あら》って、髪《かみ》をとかし、乾《かわ》くように置いとくれ、このほとりに
そっと、きれいに、通りゆく人々をながめられるように

「とんでもない」と王女。「あたしは自分だけ洗《あら》うよ」そして、持っていた瓶《びん》で金の首を思いきり叩《たた》いたので、首は水のなかへ沈《しず》みました。けれど、それはふたたび浮《う》かんできたばかりか、ふたつめの首も浮《う》かんできて、浮《う》かびながらこんなふうに歌いました。

おいらを洗《あら》って、髪《かみ》をとかし、乾《かわ》くように置いとくれ、このほとりに
そっと、きれいに、通りゆく人々をながめられるように

「ごめんだよ」王女はばかにしたようにいいました。「あたしは自分の手と顔を洗《あら》って、夕ごはんを食べるつもりなんだから」そして、持っていた瓶《びん》でふたつめの首をこっぴどく叩《たた》くと、首はふたつとも水のなかに沈《しず》みました。

けれど、そのふたつは薄汚《うすよご》れてびしょ濡《ぬ》れのまま、また浮《う》かんできたばかりか、三つめの首も浮《う》かんできて、浮《う》かびながらこんなふうに歌いました。

おいらを洗《あら》って、髪《かみ》をとかし、乾《かわ》くように置いとくれ、このほとりに
そっと、きれいに、通りゆく人々をながめられるように

このときまでに、醜《みにく》い王女は自分の手や顔を洗《あら》いおわり、サクラソウが咲《さ》くほとりに腰《こし》を下ろして、砂糖《さとう》やアーモンドを口いっぱいにほおばっていました。「ごめんだよ」王女はもぐもぐと口を動かしていいました。「あたしは洗濯女《せんたくおんな》でも、床屋《とこや》でもないんだから。洗《あら》ったり髪《かみ》をとかしたりするのに、これでも使いな」そういうと、王女はマラガ産白ぶどう酒を飲みほし、からっぽになった瓶《びん》を三つの首のほうへ投げつけました。

ところが、こんどは、三つの首は沈《しず》みませんでした。互《たが》いを見やりながら、相談したのです。「無作法で思いやりのないこの娘《むすめ》に、どんな運命を授《さず》けたらいいだろうな?」そして、最初の首がいいました。「おいらは、娘《むすめ》の醜《みにく》さに磨《みが》きがかかるよう、顔にびっしりできものを作ってやろう」

次に、ふたつめの首がいいました。「おいらは、娘《むすめ》がずっとカラスそっくりのしわがれ声で、いつも口いっぱいに食べ物が入ってるみたいにしゃべるようにしてやろう」

最後に、三つめの首がいいました。「おいらは、娘《むすめ》がほいほい喜んで靴屋《くつや》と結婚《けっこん》するようにしてやろう」

そのあと、三つの首は井戸《いど》のなかに沈《しず》み、もう浮《う》かんでこなかったので、醜《みにく》い王女は先へ進みました。さあ、どうなったことでしょう！　王女が町に入ると、その顔の醜《みにく》いできものを見た子どもたちは、怖《こわ》くて悲鳴をあげながら逃《に》げだしました。そこで、自分はコルチェスターの王の娘《むすめ》だといおうとすると、その声はウズラクイナのようにキーキーきしみ、カラスのようにしわがれていて、人々はひとことも聞きとれません。まるで口いっぱいに食べ物が入っているみたいにしゃべったからです！

さて、その町には靴屋《くつや》がいて、先ごろ、貧《まず》しい年寄《としよ》りの修道士《しゅうどうし》の靴《くつ》を修理《しゅうり》していました。修道士《しゅうどうし》はお金がなかったので、できものを治す素晴《すば》らしい軟膏《なんこう》と、どんなしわがれ声も消える瓶《びん》入りの薬を、お礼として置いていったのです。

というわけで、あわれな醜《みにく》い王女がすっかり嘆《なげ》き悲《かな》しんでいるのを見て、靴屋《くつや》はその娘《むすめ》のところへ行き、瓶入《びんい》りの薬を少しやりました。そして、娘《むすめ》の豪華《ごうか》な装《よそお》いと、前よりましになった声からして、娘《むすめ》は王女に間違《まち》がいないと思い、自分を夫にしてくれるなら、声もできものも治してやろうと、ちょっとずるい相談を持ちかけました。

「いいわ、いいわ！　なんでもいいわ！」惨《みじ》めな王女はすすり泣きました。

というわけで、二人は結婚《けっこん》し、靴屋《くつや》はさっそく花嫁《はなよめ》を連れてコルチェスターの王を訪問《ほうもん》しに出かけました。けれど、鐘《かね》は鳴りひびかず、太鼓《たいこ》は叩《たた》かれず、人々は万歳《ばん》《ざい》をとなえるどころか、革《かわ》の服を着た靴屋《くつや》と、絹《きぬ》やサテンの服を着た花嫁《はなよめ》の取りあわせを見て、大声でげらげら笑いだしました。

醜《みにく》いお妃《きさき》はといえば、かんかんに怒《おこ》り、がっくり気落ちして、頭がおかしくなり、腹立《はらだ》ちまぎれに首をつってしまいました。そのうえ、王さまは、お妃《きさき》があっけなくいなくなってくれたことを心から喜び、靴屋《くつや》に百ポンドをやって、醜《みにく》い花嫁《はなよめ》といっしょに自分の商売に精《せい》を出せと追いやりました。

これに、靴屋《くつや》はたいそう喜んで従《したが》いました。というのも、貧《まず》しい靴屋《くつや》にとって、百ポンドは大金だったからです。そこで、二人はその王国の遠いところへ行き、靴《くつ》屋《や》は靴《くつ》を作り、花嫁《はなよめ》は靴作《くつづく》りのための糸をつむぎながら、何年ものあいだ不幸せに暮《く》らしました。

フォックス氏の城《しろ》

レディ・メアリーは若《わか》く、レディ・メアリーは美しい娘《むすめ》でした。だから、両手の指に余《あま》るほどの求婚者《きゅうこんしゃ》がおりました。

彼女《かのじょ》は二人の兄と同居《どうきょ》しており、どちらも美しい妹がご自慢《じまん》で目に入れても痛《いた》くないほど可愛《かわい》がり、数ある求婚者《きゅうこんしゃ》のうちからいい人を選んでくれればいいがと内心やきもきしていました。

求婚者《きゅうこんしゃ》のひとりがフォックス氏なる人物でした。なかなかの美青年で金持ち、誰《だれ》に聞いても素性《すじょう》がいまひとつ不明ではありますが、礼儀《れいぎ》正《ただ》しく快活《かいかつ》で誰《だれ》からも好かれていました。あまりに熱烈《ねつれつ》な求婚《きゅうこん》にレディ・メアリーはとうとう押《お》し切《き》られ、彼《かれ》と婚約《こんやく》しました。しかしながら、いずれ彼女《かのじょ》を連れて行くはずの美しい新居《しんきょ》についてはさんざん話に出るし、城《しろ》のたたずまいやみごとな家具調度をこまごまと語るくせに、下見に行きませんかと申し出たことは一度もなく、レディ・メアリーの兄たちが招《まね》かれたためしもなかったのです。

その点がどうもレディ・メアリーの心にひっかかっており、活発な娘《むすめ》さんだったので、できれば自分でその城《しろ》を見てこようと思い立ちました。

それで、結婚式《けっこんしき》を間近に控《ひか》えたある日のこと、フォックス氏が兄たちと一緒《いっしょ》に書類を作りに出かけた留守《るす》を見すましてスカートをたくし上げ、誰《だれ》にも知られずに——だってね、家中が披露宴《ひろうえん》の準備《じゅんび》に大わらわでしたから——フォックス氏の美しい城《しろ》がどんなものか、確《たし》かめに出かけたのです。

さんざん探《さが》し回《まわ》り、ほうぼう行ったり来たりしてようやく探《さが》し当《あ》てました。ずいぶんと頑丈《がんじょう》な造《つく》りの建物で、高い城壁《じょうへき》がそびえ、くろぐろと深い堀《ほり》がある。どことなく妖気《ようき》漂《ただよ》うが堂々たる大手門《おおてもん》に近づくと、門のアーチの上にこんな銘《めい》が刻《きざ》まれています。

恐《おそ》れるな——大胆《だいたん》に

それで勇気をふるいおこして開けっ放しの門をくぐると、殺風景《さっぷうけい》な広い前庭に出ました。向こうに一回り小さなドアがあり、上にこう彫《ほ》ってあります。

恐《おそ》れるな、大胆《だいたん》に、ただし無謀《むぼう》は禁物《きんもつ》に

その先はがらんとした大広間で、そこからやはり殺風景《さつぷうけい》な大階段《だいかいだん》がのびていました。登りつめれば殺風景《さつぷうけい》な広い回廊《かいろう》、行く手には陽光がふんだんに入る大窓《おおまど》が並《なら》んでいて、美しい庭園に面しています。反対端《はんたいはし》には黒く狭《せま》いドアの上に銘《めい》が彫《ほ》りつけてありました。

恐《おそ》れるな、大胆《だいたん》に、ただし無謀《むぼう》は禁物《きんもつ》に
さもなくば心臓《しんぞう》の血が凍《こお》りつくに違《ちが》いない

レディ・メアリーは活発な向こう見ずですから、当然ながらさんさんと日光の入る窓《まど》に背《せ》を向け、あのドアに向かうと狭《せま》く黒い扉《とびら》を開けました。その先は狭《せま》く暗い廊下《ろうか》です。だけど、廊下《ろうか》の先にほのかな灯《ひ》が見えました。その灯《ひ》を目当てに進み——そうして、何が見えたと思いますか？

何と！　たくさんの蠟燭《ろうそく》が輝《かがや》く大きな部屋のそこらじゅうに、首をくくられて吊《つ》るされたり、椅子《いす》にかけたまま息絶《いきた》えたり、床《ゆか》に倒《たお》れたりした白骨《はっこつ》や死骸《しがい》がいくつも放置されていたのです。どれもこれも花嫁衣装《はなよめいしょう》の美しい娘《むすめ》ばかり、どの衣装《いしょう》もそろって血に染《そ》まっています。

いくらレディ・メアリーが活発な向こう見ずでも、そんな恐《おそ》ろしい光景を長くは見ていられなくて、いちもくさんに逃《に》げだしました。狭《せま》く暗い廊下《ろうか》を通り、狭《せま》く暗いドアをくぐり（閉《し》め忘《わす》れてしまった）、大回廊《だいかいろう》まで一気に逃《に》げて、あの大階段《だいかいだん》から大広間へ出ようかという矢先に窓《まど》から見えたのは、誰《だれ》あろうフォックス氏が美しい若《わか》い娘《むすめ》を引きずって広い前庭を横切る姿《すがた》でした。とっさにレディ・メアリーは急いでなるべく上手に隠《かく》れるしかないと腹《はら》をくくり、自分をせきたててあの大階段《だいかいだん》を駆《か》けおりると、大広間の片隅《かたすみ》にあったワインの大樽《おおだる》の陰《かげ》に隠《かく》れました。間一髪《かんいっぱつ》であの大きなドアがバタンと開いて、フォックス氏が哀《あわ》れな乙女《おとめ》の髪《かみ》をつかんで引きずってきます。そのまま大広間を抜《ぬ》けて大階段《だいかいだん》を上がろうとしました。その手すりにしがみつく乙女《おとめ》をフォックス氏が恐《おそ》ろしい剣幕《けんまく》であしざまに罵《ののし》り、とうとう剣《けん》を抜《ぬ》いて気の毒な若《わか》い娘《むすめ》の手首をばっさり切り落とし、切られた手はダイヤの指輪を陽《ひ》ざしにきらめかせて宙《ちゅう》を舞《ま》うと、よりによってワイン樽《だる》の陰《かげ》にひそむレディ・メアリーの膝《ひざ》に落ちたのです！

これですっかり震《ふる》え上《あ》がり、絶対《ぜったい》フォックス氏に見つかってしまうと思いました。ですが、相手はほんの束《つか》の間《ま》きょろきょろしただけで(もちろん、あのダイヤの指輪が惜《お》しかったから)、そのまま哀《あわ》れな若《わか》い美女を引きずってあの恐《おそ》ろしい部屋へ向かいました。どうやら、おぞましい作業をすませたら戻《もど》ってきて、切り落とした手を探《さが》すつもりのようです。

だが、それまでにレディ・メアリーはとうに逃《に》げていました。乙女《おとめ》を引きずる恐《おそ》ろしい物音が回廊《かいろう》に入ったとたん、立ち上がって命からがら逃《に》げだしたのです。大きなドアの銘《めい》

恐《おそ》れるな、大胆《だいたん》に、ただし無謀《むぼう》は禁物《きんもつ》に

の下をくぐり、広い前庭を抜《ぬ》けて大手門《おおてもん》に掲《かか》げられた

恐《おそ》れるな――大胆《だいたん》に

をくぐり、片時《かたとき》も足を止めずに自分の部屋まで一心不乱《いっしんふらん》に逃《に》げ続《つづ》けました。そう

して逃《に》げながらも、あのダイヤの指輪の手をキルトの折りひだにしっかりくるんで持ち帰ったのです。

さてそのあくる日、フォックス氏とレディ・メアリーの兄たちは書類の手続きをすませて戻《もど》ってきました。結婚契約書《けっこんけいやくしょ》はサインずみです。そして、その地方の住民がこぞって豪勢《ごうせい》な祝いの朝食会にやってきました。祝いの席にレディ・メアリーがあらわれると、相変わらず快活《かいかつ》で優《やさ》しげなフォックス氏も顔をそろえます。レディ・メアリーと向かい合わせの席から花嫁《はなよめ》を見て、「けさはなんだかお顔色がすぐれませんね、愛《いと》しい方」

するとレディ・メアリーはまともにその顔を見て、「そうなんですのよ、あなた！ゆうべはあまりよく眠《ねむ》れませんでしたの、続けざまに恐《おそ》ろしい夢《ゆめ》を見てしまって」

するとフォックス氏はにこやかに言いました。「夢《ゆめ》は逆夢《さかゆめ》ですよ、愛《いと》しい方。ですが話してごらんなさい。そうすればその可愛《かわい》い声で、婚礼《こんれい》をすませてあなたが私《わたし》のものになるまでの時間つぶしをさせてもらえますからね」

「夢《ゆめ》でね」レディ・メアリーは澄《す》んだ目をして、静かな笑顔《えがお》で話しました。「昨日、いずれは住むはずのお城《しろ》を訪《たず》ねましたの。森の中に見つけたそのお城《しろ》は、高い城壁《じょうへき》やくろぐろと深いお堀《ほり》に囲まれておりました。大手門《おおてもん》の上に、こんな銘《めい》が刻《きざ》んでありましたのよ。

恐《おそ》れるな――大胆《だいたん》に」

すると、フォックス氏があわてて言いだします。「ですが、そんなことは今も――むかしもございませんよ」

「それから大きな前庭を抜《ぬ》けて、大きなドアをくぐりましたの。こんな銘《めい》が彫《ほ》ってありましたわ。

恐《おそ》れるな、大胆《だいたん》に、ただし無謀《むぼう》は禁物《きんもつ》に」

レディ・メアリーは相変わらず笑顔《えがお》ですが、冷たい声で、「でも、もちろんそんなことは今もむかしもございませんわね」

フォックス氏は何も言わず、石像《せきぞう》になったように座《すわ》っていました。

「それから夢《ゆめ》でね」レディ・メアリーが続けます。相変わらず笑顔《えがお》ながら、険《けわ》しい目つきで、「大広間を抜《ぬ》けて大階段《だいかいだん》を上がり、大回廊《だいかいろう》をたどって小さな黒いドアに行き当たりましたの。上にこう彫《ほ》ってありましたわ。

恐《おそ》れるな、大胆《だいたん》に、ただし無謀《むぼう》は禁物《きんもつ》に
さもなくば心臓《しんぞう》の血が凍《こお》りつくに違《ちが》いない
でも、もちろんそんなことは今もむかしもございませんわね」

フォックス氏は言葉をなくして凍《こお》りついています。

「それから夢《ゆめ》でね、そのドアを開けて暗く狭《せま》い廊下《ろうか》に出ましたの」笑顔《えがお》のレディ・メアリーが氷のような声で、「その先にドアがあり、灯影《ほかげ》がほの見えました。ドアの向こうはたくさんの蠟燭《ろうそく》をともした大きなお部屋でね、お気の毒な若《わか》い娘《むすめ》さんたちの骸骨《がいこつ》や死体がそこらじゅうにありましたわ、どの方の服も血だらけで。ですけど、もちろんそんなことは今もむかしもございませんわね」

ここにきてお客の目は一斉《いっせい》にフォックス氏へ向きましたが、本人は黙《だま》っています。それでもレディ・メアリーは微笑《ほほえ》みの形に唇《くちびる》をこわばらせて続けました。

「それから夢《ゆめ》で、広間へ駆《か》けおりて身を隠《かく》したとたんにフォックスさん、あなたが若《わか》い娘《むすめ》さんの髪《かみ》をつかんで引きずってこられましたわ。手すりにしがみついたその方のダイヤの指輪が陽《ひ》にきらめき、あなたは剣《けん》を抜《ぬ》いて、お気の毒な方の手を切り落としたんですの」

するとフォックス氏は石のような体で苦労して立つと、逃《に》げ場《ば》を探《さが》すようににらみ回して、猟犬《りょうけん》の群《む》れに追《お》い詰《つ》められたキツネそっくりに糸切り歯をむきだしました。顔色は死人のようです。

それから無理に笑おうとして、かろうじて蚊《か》の鳴くような声を出しました。「ですが愛《いと》しい方、今もむかしもそんなことはございませんし、神がそんなことはお許《ゆる》しになりません！」

そこでレディ・メアリーも笑顔《えがお》でやはり席を立ち、ここぞと声を張《は》り上《あ》げました。

「ですが、そんなことは今もむかしも本当にございました。どうしてもお見せしたいのよ、あの方の手と指輪を」

そう言い放つや、きらびやかな指輪をはめた死人の手を胸元《むなもと》から抜《ぬ》いて、まっすぐフォックス氏に向けました。

祝い客は総立《そうだ》ちになり、剣《けん》を抜《ぬ》いてフォックス氏を切《き》り刻《きざ》みました。

悪人は当然の報《むく》いを受けたのです。

おちびのスコーン

むかし、おじいさんとおばあさんが、ちっぽけな小川のそばのちっぽけな家に住んでいました。ほかに牝牛《めうし》二頭、雌鶏《めんどり》五羽《わ》と雄鶏《おんどり》一羽《わ》、猫《ねこ》一匹《ぴき》と子猫《こねこ》二匹《ひき》も一緒《いっしょ》に暮《く》らしていてね。おじいさんは牝牛《めうし》を気にかけ、雄鶏《おんどり》は雌鶏《めんどり》たちを気にかけ、猫《ねこ》は戸棚《とだな》に巣くうネズミを気にかけ、子猫《こねこ》たちは炉端《ろばた》でばあさんがくるくる回す糸繰《いとく》り機《き》を気にかけていました。だけど、その流れからいくと、ばあさんは子猫《こねこ》たちを気にかけてやるのが筋《すじ》なのに、実際《じっさい》は子猫《こねこ》たちが騒《さわ》げば騒《さわ》ぐほど、「しっしっ！　あっちへお行き、子猫《こねこ》ちゃん！」と言うんですからね！

ある日のこと、おばあさんは子猫《こねこ》との攻防戦《こうぼうせん》にいいかげんくたびれて小腹《こばら》がすき、ちょっぴり何かつまもうと思い立ちました。それでおみこしを上げ、オートミールでちっぽけなスコーンをふたつ焼いて、暖炉《だんろ》の遠火《とおび》でじっくりトーストしたのです。ほどよくこんがり香《こう》ばしく焼けたところへおじいさんが戻《もど》ってきて、あんまりうまそうだから、片方《かたほう》をちょっとちぎって味見しましたよ。これを見たもうひとつのスコーンは、楽しいこの世にまだまだ未練があったので、ぴょんと跳《は》ねるや、全速力でころころりんと転がって逃《に》げ出《だ》しました。あわてふためいたおばあさんは、片手《かたて》に糸繰《いとく》り機《き》を、もう片手《かたて》に糸巻《いとまき》の錘《つむ》を持って、やれお待ちと走り出す。おちびのスコーンはよけいに張《は》り切《き》り、とうてい追いつけない速さで転がっていってじきに見えなくなり、おばあさんは仕方なくうちへ引《ひ》っ込《こ》んで、子猫《こねこ》の相手に戻《もど》ったというわけです。

いっぽう、おちびのスコーンはごきげんでころころと坂をくだり、茅葺《かやぶき》の大きな民家にさしかかると、開けっ放しのドアから大胆《だいたん》に入りこんで暖炉《だんろ》の前で勝手にくつろぎました。室内の大きな作業台では、仕立職人《したてしょくにん》三名がせっせと手を動かしていましたが、ほら、何しろ仕立屋だから小心者《しょうしんもの》ぞろいでね、みんなひゃあっと怖《こわ》がって、暖炉《だんろ》脇《わき》で羊毛梳《す》きをしていたおかみさんの陰《かげ》に隠《かく》れてしまったんです。

「ちょっと！」おかみさんが一喝《いっかつ》します。「あんたら、なに怖《こわ》がってんの？　たかがちっぽけなスコーンごときに。さっさと捕《つか》まえちゃいな、そしたらそれと一緒《いっしょ》にミルクをちょっぴりおやつに出してあげるわよ」

そういうと両手に一枚《まい》ずつ梳《す》き櫛《ぐし》をかまえ、仕立屋の親方は大型アイロンを、見習いふたりはそれぞれ裁《た》ち物《もの》ばさみとアイロン台をふりかざして一斉《いっせい》に襲《おそ》いかかってきました。だけど、おちびのスコーンのほうが役者が上で、暖炉《だんろ》の周りを右に左にかいくぐるうちに、見習いの片方《かたほう》は裁《た》ち物《もの》ばさみで一刀両断《いっとうりょうだん》を狙《ねら》ったはずみに勢《いきお》い余《あま》って熱い灰《はい》につんのめって大やけど、親方がアイロンを、もうひとりの弟子《でし》がアイロン台を投げたが当たりません。戸口をめざすスコーンめがけて、おかみさんが梳《す》き櫛《ぐし》をぶん投げました。だけどシレッとかわされ、また嬉《うれ》しそうにころころ出ていくと、今度は道端《みちばた》の小さな家にやってきました。おちびのスコーンが堂々と入っていって炉端《ろばた》に落ちつくと、そこのうちでは、とんとんからりと機織《はたお》り機《き》を操《あやつ》る亭主《ていしゅ》のために、かみさんが織《お》り糸《いと》をかけてやっていました。

「おい、ティビーよう！」と、亭主《ていしゅ》。「ありゃなんだ！」

「ただのちっぽけなスコーンでしょ」

「ふうん、そいつはありがてえ。けさのかゆはシャバシャバで水っぽかったよ。そら、捕《つか》まえな！　捕《つか》まえるんだ！」

「わかったよ」かみさんは手を伸《の》ばしましたが、おちびのスコーンによけられます。

「ちょっと、あんた！　このスコーン、頭がいいよ！　そら、捕《つか》まえてみな！やれるもんなら」

それでもスコーンは捕《つか》まらない。「その糸かせをぶん投げろ！」機織《はたお》りがどなりました。

首尾《しゅび》よく脱出《だっしゅつ》したスコーンは、タール塗《ぬ》りたての羊か、はたまた暴《あば》れ牛《うし》なみの速さでころころりんと丘《おか》を越《こ》えていきましたよ！

ころころりんの行きつく先に酪農家《らくのうか》の家があり、おかみさんが分離機《ぶんりき》でバターを作っていました。

「おいでおいで」いかにもうまそうな焼きたてスコーンに気づいて声をかけました。「クリームならたっぷりあるの、てんこ盛《も》りにしてあげるよ」

まんまとスコーンにかわされた拍子《ひょうし》に、おかみさんは分離機《ぶんりき》をひっくり返し、立て直しているひまに逃《に》げられてしまいました。スコーンはそのまま坂をくだり、粉屋が製粉《せいふん》中の風車小屋へやってきました。まっしぐらに転がりこんで、粉受け皿のそばに落ちつきます。

「ほっほう、いいねえ！」と、粉屋。「おまえさんみたいのが大手を振《ふ》ってその辺を転がり回るなんざ、景気がいいじゃないか。まあ、それでも入んなよ。おれはスコーンとチーズの夕飯に目がなくてね、ここで寝泊《ねと》まりしたらいいさ」と、太鼓腹《たいこばら》をなでてみせました。

とたんにスコーンは向きを変えて逃《に》げにかかります。粉屋とチーズが揃《そろ》うなんて冗談《じょうだん》じゃない。粉屋の手近には粉しかなく、とっさに投げつけて、しばらくぼんやりしていました。その間にスコーンは平地をそっと遠ざかり、鍛冶屋《かじや》が蹄鉄釘《ていてつくぎ》を打つ仕事場へやってきました。

「よう！　ずいぶんこんがりしたスコーンだな！　冷えたエールと一緒《いっしょ》にやれば、こたえられねえよ！　入ってこい、なんならここに泊《と》まっていきな」鍛冶屋《かじや》はそう笑うと、肉のついた腹《はら》をなでてみせました。

ところがどっこい、スコーンにしてみればエールもチーズも同じぐらい危《あぶ》ないしろものです。ころころ逃《に》げ出《だ》したあとを鍛冶屋《かじや》が追っかける。それでも追いつけないとみると、ハンマーを投げつけました。あいにく狙《ねら》いは外《はず》れ、またたくまに逃《に》げたスコーンはさんざんころころりんした末に農家へやってきました。主人夫婦《ふうふ》が亜《あ》麻《ま》を打って梳《す》きをかける最中に無断《むだん》でおじゃまし、またもや暖炉《だんろ》で勝手にくつろいで自分をトーストし直しています。

「ジャネットよう」亭主《ていしゅ》が言いました。「あれ見ろや、いい感じにこんがりしたスコーンじゃねえか。おらあ半分もらうぜ」

「じゃあ、もう半分はあたしね」かみさんは手を伸《の》ばして捕《つか》まえようとしましたが、スコーンにまたものらりくらりとかわされます。

「んまあ」と、かみさん。「生きてるよ、こいつ！」と、亜麻梳《あます》き櫛《ぐし》を投げてやりました。だけど、おちびのスコーンのほうがだいぶ上手《うわて》で、いち早くドアから出て道をひた走り、やがて別の家にたどりつくと、ふつふつ煮《に》えたぎるスープをかきまぜる主婦《しゅふ》のそばで、亭主《ていしゅ》がサンザシで子牛用の首輪を編《あ》んでいました。そこへころころりんとあがりこみ、勝手に暖炉《だんろ》の前に陣取《じんど》ります。

「ちょっと、ジャック！」と、かみさん。「あんたいつも、こんがり焼けたスコーン食いてえって泣いてるじゃない。そこにあるわよ！　さっさと食っちゃいな！」

すると、おちびのスコーンはまたもじらしにかかりました。おかげで、捕《つか》まえるから手伝ってよと亭主《ていしゅ》が呼《よ》ばれました。

「いいとも、かあちゃん！」と亭主《ていしゅ》。「だがな、どこ行った？」

「そっちよ！　ほら、早く！　あんたの椅子《いす》の反対側を逃《に》げてくよ」椅子《いす》が倒《たお》れ、しゃがんだ亭主《ていしゅ》はサンザシ束にはまりこんでしまいました。かみさんがスープのおたまを振《ふ》り上《あ》げた拍子《ひょうし》に、煮《に》えたぎったスープを亭主《ていしゅ》にかけて火傷《やけど》させる始末。そのすきにおちびのスコーンはあっという間に脱出《だっしゅつ》して隣家《りんか》へ逃《に》げこみ、みんながちょうど夕飯の食卓《しょくたく》にそろって、一家の主婦《しゅふ》がお鍋《なべ》の底をさらうところに来合わせました。

「ねえ！」そこのおかみさんが声をあげます。「ちっぽけだけど、こんがりトーストしたスコーンよ、捕《つか》まえてうちの人にあげて！」

「先にそこの戸を閉《し》めな」ご亭主《ていしゅ》は慎重派《しんちょうは》でした。「その上で、みんなして捕《つか》まえにかかるんだよ」

そう聞いたスコーン君は、そろそろおいとまするこにしました。ころころ逃《に》げるあとから、一家総出《そうで》の大騒《おおさわ》ぎで追っかける。だけどてんでにスプーンを投げつけたり、亭主《ていしゅ》がいちばんよそいきの帽子《ぼうし》を放《ほう》ってかぶせようとしたのに、おちびのスコーンにそのつどしてやられて、じきに見失ってしまいました。

お次に転がっていった先では、家中が寝《ね》る前でした。おかみさんが炉《ろ》の火種をかきだしており、亭主《ていしゅ》はズボンを脱《ぬ》いでしまったあとです。

「ありゃなんだ？」暗かったので、亭主《ていしゅ》が尋《たず》ねました。

「ただのちびスコーンじゃないかしら」これはかみさん。

「半分食ってもいいかな」

「じゃあ、もう半分はあたしがもらうね」

そして、ふたりがかりで捕《つか》まえにきました。それでもスコーンは逃《に》げる構《かま》えです。あげくに亭主《ていしゅ》とかみさんは暗がりで互《たが》いにつんのめって鉢合《はちあ》わせし、双方《そうほう》かんかんになりました。

「あんたの脱《ぬ》いだズボンを投げて捕《つか》まえなよ！」とうとう、かみさんがどなりました。「なにやってんのよ、刺《さ》された豚《ぶた》みたいにぼけっと突《つ》っ立《た》ってないで！」

亭主《ていしゅ》がズボンを投げつけ、ようし、これで押《お》さえこんだぞと思った甲斐《かい》もなく、どうにか抜《ぬ》け出《だ》して逃《に》げてしまったスコーンをズボンなしの姿《すがた》で追っかけました。世にもおかしな競走でしたね――ひらけた土地を横切ってハリエニシダの藪《やぶ》をくぐり、黒いちごの畑を回りこんで鮮《あざ》やかに追いつ追われつ。だけど、亭主《ていしゅ》はその辺で見事にまかれてしまい、ひっかき傷《きず》だらけのへとへとで寒さに震《ふる》えてひきあげざるを得なくなりました。

おちびのスコーンはさらにころころりんと転がり続けましたが、そろそろいくらなんでも暗すぎて、動きがとれなくなってきました。

折よく、大きなハリエニシダの藪《やぶ》のわきにキツネの巣《す》穴《あな》があったので、一晩《ひとばん》泊《と》めてもらおうと転がりこんだところ、巣の主はまる三日も獲《え》物《もの》にありついておらず、いきなりこうきました。「よくきてくれたなあ、あんた！　お仲間がもうひとつあったらよかったんだが！」

で、もうひとつあったんですよ！　だって、キツネにぱっくりやられてまっぷたつにされちゃったんだもの。これにて、おちびのスコーンはおしまい！

赤ずきんちゃん

むかしむかし、赤ずきんちゃんと呼《よ》ばれている小さな女の子がいました。とても小さな子で、大きな赤いずきんのついた赤いマントをいつも着ていたからです。それはおばあさんが作ってくれたものでした。

さて、ある日のこと、バターを作り、ケーキを焼いていたお母さんが、赤ずきんにいいました。「さあ、あのずきんのついた赤いマントを着て、このケーキとバターを持って、おばあさんのところへお見舞《みま》いに行ってきてちょうだい。具合が悪いそうなのよ」

赤ずきんちゃんは、すてきな物をたくさん作ってくれるおばあさんが大好きだったので、喜んでマントを着ると、お使いに出かけました。けれど、おばあさんはちょっと離《はな》れたところに住んでいて、その家へ行くにはさびしくて広い森を通らなければなりません。でも、森では木こりが何人か働いていたので、ものすごく大きなオオカミが自分のほうへやってくるのを見ても、赤ずきんちゃんはあまりびっくりしませんでした。オオカミというものは、木こりを怖《こわ》がると知っていたからです。

確《たし》かに、そのオオカミは、木こりがいなかったら赤ずきんちゃんを食べていたに違《ちが》いありませんが、足を止めて、どこへ行くのかと丁寧《ていねい》にたずねただけでした。

「おばあさんに会いに行くの。このケーキとバターを持って。お見舞《みま》いよ」赤ずきんちゃんは答えます。

「おばあさんはすごく遠いところに住んでるのかい？」オオカミは悪知恵《わるぢえ》を働かせて聞きました。

「まっすぐな道を通っていけば、そんなに遠くないわ」と赤ずきんちゃん。「水車小屋をすぎたら、すぐ右側の最初のおうちよ。でも、あたしは森の小道を通っていくつもり。木の実がたくさんあって、お花がたくさん咲《さ》いてて、蝶々《ちょうちょう》がたくさんいるんだもの」

「じゃあ、気をつけて行くといいよ」オオカミは礼儀《れいぎ》正《ただ》しくいいました。「おばあさんによろしく。どうぞお元気でと伝えてくれ」

そして、オオカミは足早にその場を離《はな》れました。でも、行き先を変えて、ちょっと戻《もど》り、まっすぐな道を通っておばあさんの家へ行くと、ドアをノックしました。

とん！　とん！　とん！

「だあれ？」ベッドに寝《ね》ているおばあさんがたずねました。

「赤ずきんよ」オオカミはできるだけ甲高《かんだか》い声を張《は》りあげます。「大好きなおばあさんに、お母さんの作ったバターとケーキを持ってきたの。お見舞《みま》いに来たのよ」

「その紐《ひも》を引《ひ》っ張《ぱ》れば、かけ金が上がるよ」おばあさんは疑《うたが》ってもいません。

そこで、オオカミは紐《ひも》を引《ひ》っ張《ぱ》り、かけ金を上げると、なんということでしょう！　一分とかからずにおばあさんを食べてしまいました。まるまる一週間、何も食べていなかったからです。

オオカミはそのあとドアを閉《し》め、おばあさんのナイトキャップをかぶり、ベッドに入って、ふとんにくるまりました。

そうこうするうちに、赤ずきんちゃんがやってきます。木の実を集めたり、蝶々《ちょうちょう》を追いかけたり、花をつんだりして、遊んできたのでした。

赤ずきんちゃんはドアをノックしました。

とん！　とん！　とん！

「だあれ？」精《せい》いっぱいやさしい声で、オオカミはいいます。

ずいぶんしわがれた声に聞こえましたが、赤ずきんちゃんはおばあさんが風邪《かぜ》を引いたのだと思って、こう返事しました。「赤ずきんよ。お母さんのお使いで、バターをひと壺《つぼ》とケーキを持って、お見舞《みま》いに来たの」

「その紐《ひも》を引《ひ》っ張《ぱ》れば、かけ金が上がるよ」

そこで、赤ずきんちゃんが紐《ひも》を引《ひ》っ張《ぱ》ると、かけ金が上がり、そこにいるのはおばあさんだと思いました。家のなかはとても暗くて、よく見えなかったのです。おまけに、悪賢《わるがしこ》いオオカミは最初、顔を壁《かべ》のほうに向けていたのです。オオカミは精《せい》いっぱいやさしい声を出しました。「こっちに来て、キスをしておくれ」

そこで、赤ずきんちゃんはマントを脱《ぬ》ぎ、ベッドのほうへ行きました。

「あら、おばあさん、おばあさん」と赤ずきんちゃんはいいます。「ずいぶん腕《うで》が長いのねえ！」

「おまえをぎゅっと抱《だ》きしめられるようにさ」とオオカミ。

「でも、おばあさん、おばあさん、ずいぶん足が大きいのねえ！」

「速く走れるようにさ」

「ねえ、おばあさん、おばあさん、ずいぶん耳が大きいのねえ！」

「よく聞こえるようにさ」

「だけど、おばあさん、おばあさん、ずいぶん目が大きいのねえ！」

「おまえがよく見えるようにさ！」

「あら、おばあさん、おばあさん、ずいぶん歯が大きいのねえ！」

「おまえをぱくっと食べられるようにさ！」悪い悪いオオカミはそういうなり、赤ずきんちゃんをぱくっと食べてしまいましたとさ。

妖《よう》精《せい》王《おう》の黒い塔《とう》

ローランド王子と二人の兄は
まり投げ遊びを楽しんでいた
妹のヘレン姫《ひめ》はまんなかで
兄君たちに囲まれていた

兄思いのやさしいヘレン姫《ひめ》は、兄たちの大事な宝物《たからもの》でした。だから、遊ぶ時も頼《たよ》りがいのある兄たちといつでも一緒《いっしょ》です。ある日のこと、教会のそばで、まり投げをしていたら――

ローランド王子はまりを蹴《け》り
落ちてきたまりを膝《ひざ》で止める

最後に兄妹《きょうだい》めがけて放ると
はずみがついて教会を越《こ》えた

いちばん年が近くていちばん仲がいい兄はローランド王子で、上の兄たちと競《きそ》うように姫《ひめ》を可愛《かわい》がっていました。それで姫《ひめ》は笑いながら――

ヘレン姫《ひめ》は通路を回りこみ
まりの行方《ゆくえ》を追いかけた

まりは教会の右手へ転がりこみ、ヘレン姫《ひめ》はてっとり早く追いつこうと時計と逆《ぎゃく》回《まわ》りに教会を巡《めぐ》り、まっこうから太陽を浴びて背後《はいご》に影法師《かげぼうし》を落としました。おかげで、うっかり時計と逆回《ぎゃくまわ》りに走ってしまった人にままあることが起きたのです。まともに日に向かうと、後ろに落ちた自分の影法師《かげぼうし》にはおいそれと目が届《とど》かなくなるのでね。

で、まあ、起きたことはおいおい明らかになるとして、三人の兄たちは姫《ひめ》の帰りをずっと待っていました。

首を長くして待ちわびたのに
姫《ひめ》は二度とあらわれなかった

兄たちもしだいに不安になり、やがて――

妹を探《さが》し求めて東奔西走《とうほんせいそう》
北も南もくまなく尋《たず》ね
兄たちはいたく嘆《なげ》き悲《かな》しんだ
どこにも妹の姿《すがた》がなかったから

そう、どこにも――夏の朝露《あさつゆ》みたいに、あとかたもなく消えてしまったのです。

とうとう上の兄は、この世とあの世の現在《げんざい》・未来をすべて見通す大魔術師《だいまじゅつし》マーリンに姫《ひめ》の行方《ゆくえ》を尋《たず》ねに出かけました。

「うるわしのヘレン姫《ひめ》は」マーリンは教えました。「走って教会を時計と逆《ぎゃく》に回《まわ》り、影法師《かげぼうし》もろとも妖精《ようせい》たちにさらわれたのだ。太陽に逆《さか》らって動けば妖精《ようせい》の支配《しはいか》下に落ちる。只今《ただいま》は妖精王《ようせいおう》の住まう黒い塔《とう》におるよ、キリスト教国きっての肝《きも》っ玉《たま》をそなえた騎士《きし》でなくては奪還《だっかん》できまい」

「妹を取《と》り戻《もど》せる見込《みこ》みがあるのでしたら」上の兄は言いました。「いちかばちか捨《す》て身《み》の覚悟《かくご》で挑《いど》みます」

「見込《みこ》みはあるよ」マーリンは重苦しい口ぶりで、「だが、人間の父母から生まれた男がその難業《なんぎょう》に挑《いど》むのであれば、ちゃんとした予備知識《よびちしき》の心得がなくては身の破《は》滅《めつ》につながる」

勇猛果敢《ゆうもうかかん》な上の兄は、危険《きけん》をおして妹を探《さが》しだす決意をひるがえさず、すべきことと、避《さ》けるべきことをしっかり教えてくださいと魔術師《まじゅつし》に頼《たの》みこみました。そして予備知識《よびちしき》を授《さず》けられて実地の特訓に励《はげ》み、機が熟《じゅく》すと剣《けん》を帯びて弟たちと別れて、妖精王《ようせいおう》の黒い塔《とう》へ乗りこんだのです。

だが、懸念《けねん》と大きな心痛《しんつう》を抱《かか》えて
いくら待てど暮《く》らせど甲斐《かい》なし
弟たちの心は悲しみに満ちた
二度と兄が戻《もど》ってこなかったから

しばらくして、中の兄がマーリンを訪《たず》ねました。「私《わたし》も特訓を志願《しがん》します。妖精《ようせい》王《おう》の黒い塔《とう》へ兄と妹を探《さが》しに行きたいので」中の兄もやはり勇敢《ゆうかん》で、行くての危険《きけん》にもひるみませんでした。

マーリンの特訓をきちんと身につけた兄は剣《けん》をひっさげ、ローランドと母の王妃《おうひ》に別れを告げて、兄妹《きょうだい》の奪還《だっかん》に妖精王《ようせいおう》の黒い塔《とう》へ出かけました。

だが、懸念《けねん》と大きな心痛《しんつう》を抱《かか》えて
いくら待てど暮《く》らせど甲斐《かい》なし
母と弟の心は悲しみに満ちた
二度と兄が戻《もど》ってこなかったから

さて、いくら待ちわびても誰《だれ》も戻《もど》ってこないので、今度は姫《ひめ》といちばん仲がいいローランド王子がやはり行かせてくださいと母に頼《たの》みこみました。三人の王子のなかでいちばん肝《きも》が据《す》わっており、死を恐《おそ》れない勇者だったからです。それでも初め、母は耳を貸《か》そうとしませんでした。「やめて！　わたくしの子で残ったのはあなただけよ。そのあなたまで失ったら、生きる甲斐《かい》もなくなってしまう！」

だが、王子にどこまでも食い下がられてとうとう根負けし、道中の無事を祈《いの》って父王の愛剣《あいけん》だった必殺の剣《けん》を授《さず》け、手ずから腰《こし》に巻《ま》いてやりながら必勝の呪文《じゅもん》をこめました。

ローランド王子は母と別れ、マーリンの洞窟《どうくつ》へ向かいました。

「三度めの正直で、ご指南を願います。人間の父母から生まれた者が、妖精王《ようせいおう》の黒い塔《とう》でヘレン姫《ひめ》と二人の兄を探《さが》しだす方法を教えてください」

「若者《わかもの》よ」マーリンが言いました。「それには必須《ひっす》の心得がふたつある。どちらも簡単《かんたん》そうでいて難《むずか》しい。ひとつはすべきこと、もうひとつは避《さ》けるべきことだ。いいかな、まずはすべきことから。妖精国《ようせいこく》に入ってから話しかけてきた者がいたら、誰《だれ》であろうと父の剣《けん》を抜《ぬ》いて首をはねなさい。ひとりも見逃《みのが》してはならん。第二の避《さ》けるべきことだが、いったん妖精国《ようせいこく》に入ったら、何ひとつ飲み食いしてはいけない。ほんのひとしずく、ほんのひとかけらでも妖精国《ようせいこく》のものを口にしたら、二度とこの世に戻《もど》れなくなるぞ」

ローランド王子はそのふたつの注意を繰《く》り返し肝《きも》に銘《めい》じ、特訓を受けると、大《だい》魔術師《まじゅつし》に礼を述《の》べて妖精王《ようせいおう》の黒い塔《とう》へ出かけていきました。

はるかな妖精国《ようせいこく》へと馬を飛ばし、とうとう大きな原野にぶつかりました。馬飼《うまか》いがいて、火を噴《ふ》く石炭の目をした荒馬《あらうま》どもを放牧しています。

きっと妖精王《ようせいおう》の持ち馬だ、ついに妖精国《ようせいこく》へついたのだとわかりました。

王子は馬飼《うまか》いに尋《たず》ねました。「妖精王《ようせいおう》の黒い塔《とう》へはどう行けばいいのだろう？」

馬飼《うまか》いの返事はこうです。「うーん、おれにはちょっと。ですが、少し先に牛飼《うしか》いがおります。その者ならば、あるいは」

すぐさま父の名剣《めいけん》を抜《ぬ》いたローランド王子はひと思いに馬飼《うまか》いの首をはねて原野にてんてんと転がし、妖精王《ようせいおう》の馬どもを怯《おび》えさせました。その先に大きな酪農場《らくのうじょう》があり、牛飼《うしか》いが牝牛《めうし》の群《む》れの番をしています。牝牛《めうし》らしからぬ目をぎらつかせたその牛も、妖精王《ようせいおう》の家畜《かちく》だし、ここもやっぱり妖精国《ようせいこく》の領土《りょうど》なのが見てとれました。

そこで牛飼《うしか》いに尋《たず》ねて、「妖精王《ようせいおう》の黒い塔《とう》へはどう行けばいいのだろう？」

牛飼《うしか》いの返事はこうです。「うーん、おれにはちょっと。ですが、少し先に鶏番《にわとりばん》の女がおります。その者ならば、あるいは」

王子はマーリンの教え通りにその場で父の名剣《めいけん》を抜《ぬ》き、ひと思いに牛飼《うしか》いの首をはねて牧草地にてんてんと転がし、妖精王《ようせいおう》の牛どもを怯《おび》えさせました。

やがてその先に果樹園《かじゅえん》があらわれ、灰色《はいいろ》ずくめのばあさんが鶏番《にわとりばん》をしていました。燃《も》える石炭を点じた鶏《にわとり》の目はまごうかたなき妖精王《ようせいおう》の持ち物であり、あいかわらず妖精国《ようせいこく》の領土《りょうど》にいるしるしです。

ローランド王子は鶏番《にわとりばん》に尋《たず》ねました。「妖精王《ようせいおう》の黒い塔《とう》へはどう行けばいいのだろう？」

ばあさんはにこやかに教えてくれました。「はいはい、そこならよく存《ぞん》じておりますよ。もう少し先へおいでなさいまし、ゆるやかな緑《みどり》の丘《おか》がございます。なだらかな緑が、空に映《は》えておりましてね、ふもとから上まで三段《だん》になった輪っかのテラスにふちどられております。一段《だん》めを一周しながらこう言うんです。

「なかから開け　入れろ！　入れろ！」

次は二段《だん》めを一周しながら、こう言います。

「開け放て！　開け放て！　入らせろ」

最後の三段《だん》めでこう申します。

「いざすみやかに、すみやかに　ようやくだ、入らせろ」

そうすれば入口ができて妖精王《ようせいおう》の黒い塔《とう》に入れます。ただし、くれぐれも時計と逆向《ぎゃくむ》きに回ってくださいましよ。時計回りじゃ絶対《ぜったい》に開きません。では、行ってらっしゃいませ！」

その親身《しんみ》な物腰《ものごし》に王子はうかうかとつりこまれ、礼儀《れいぎ》正《ただ》しくそのまま行きかけてマーリンの教えをはたと思い出しました。さっそく父の剣《けん》でばあさんの首を飛ばし、火の目をした鶏《にわとり》どもを震《ふる》え上《あ》がらせます。

あとはひたすら先を急ぎ、やがて青空にくっきりと緑《みどり》の丘《おか》が見えてきました。なるほど、下から上に向かって大中小の輪っか状《じょう》になっています。

鶏番《にわとりばん》に教えられた通り、ぬかりなく時計と逆回《ぎゃくまわ》りで太陽に顔を向けて一段《だん》ずつ回りました。

三段《だん》めのテラスで、

「いざすみやかに、すみやかに　ようやくだ、入らせろ」

これで山腹《さんぷく》の入口が必ず見つかるはずです。案《あん》の定《じょう》、入口が開いて背後《はいご》でかちゃりと閉《し》まり、王子は闇《やみ》に残されました。ついに妖精王《ようせいおう》の黒い塔《とう》にたどりついたのです。

おそらくはまともに日を浴びつづけたせいもあって、しばらくは何も見えませんでしたが、やがて目が薄明《うすあ》かりになじんできました。窓《まど》や蠟燭《ろうそく》はひとつもないのに、壁《かべ》や天井《てんじょう》を透《す》かしておぼろな光がぼうっとにじんでいます。それでも、透明《とうめい》な岩をくりぬいてセレナイトや銀や色とりどりの宝石《ほうせき》をびっしりとちりばめたトンネルがずっと先まで続いているのが見えました。常春《とこはる》の国だけあって、うららかな春のようです。得体のしれない薄明《うすあ》かりを頼《たよ》りに進んでいくと、やがて、鉄のかんぬきを渡《わた》した大きな二枚扉《にまいとびら》の前に出ました。がっちり閉《し》まっているはずなのに、ただ手を触《ふ》れただけで開き、丘《おか》の内部いっぱいに広がりそうな大広間があらわれました。広間の天井《てんじょう》を支《ささ》える柱はへたな大聖堂《だいせいどう》より堂々たるもので、太い純金《じゅんきん》や純銀製《じゅんぎんせい》の柱に凝《こ》った枝模様《えだもよう》をあしらい、色とりどりの花輪で飾《かざ》りつけてあります。その花がまた、ダイヤやルビーやトパーズにエメラルドの葉をつけた精巧《せいこう》な細工《さいく》でした。いくつもの天井《てんじょう》アーチが中央でひとつになり、まじりけのない巨大《きょだい》な白真珠《しろしんじゅ》をくりぬいたランプが黄金の鎖《くさり》で吊《つ》るしてあります。ランプの芯《しん》には赤い血の色をした大きなガーネットがひとりでに回転しながら四隅《よすみ》をくまなく照らし、大広間全体を夕焼けの茜《あかね》に染《そ》めていました。

広間の奥《おく》に、金糸と絹《きぬ》のベルベットを張《は》った豪奢《ごうしゃ》なソファがありました。そこにかけて、みごとな金の髪《かみ》をくしけずっているのはヘレン姫《ひめ》です。そうしながらも、石さながらにこわばって浮《う》かない顔です。ローランド王子を見ても立とうとせず、死人のように生気のない声で、

「神よ憐《あわ》れみたまえ、なんて不運なまねをなさるの！　わざわざこんなところへいらして、どうなさるおつもり？」

この女が可愛《かわい》い妹にあまりに生き写しなので、王子はとっさに抱《だ》きしめたい衝動《しょうどう》にかられそうになりましたが、マーリンに叩《たた》きこまれたあの教えを思い出して父の名剣《めいけん》を抜《ぬ》くと、目を背《そむ》けながらも心を鬼《おに》にして、ヘレン姫《ひめ》に化けた偽者《にせもの》に力いっぱい剣《けん》をふるいました。

するとどうでしょう！　震《ふる》えながらこわごわ見れば、元通りの妹が喜びと恐《おそ》れを

ないまぜにしています。姫《ひめ》は、兄を抱《だ》きしめて大声をあげました。

「ああ来てしまったのね、末の兄さま、
おうちにいてくだされぱよかったのに
こんなところへおいでになっては
お命がいくつあっても足りません！

でも、さあおかけになって、いちばん大好きな兄さま、
ああ！　いっそお生まれにならなければよかった
だって妖精王《ようせいおう》が相手では、兄さまに
勝ち目はないも同然ですもの」

妹《いもうと》姫《ひめ》は泣き笑いしながらあのすばらしいソファに並《なら》んでかけ、あとはつもる苦労話を互《たが》いにしてきかせました。王子は妖精国《ようせいこく》までの道中のできごとを、姫《ひめ》は時計と逆回《ぎゃくまわ》りをしたせいで影法師《かげぼうし》ごと連れ去られ、あとから来た兄たちと一緒《いっしょ》に、ついさっきまで死体同然に埋葬《まいそう》されていたのだという話を。上の兄たちはマーリンにあ

れほど言われてきたにもかかわらず、どうしても妹の首をはねられなかったのです。

しばらくしてローランド王子は急ぎの長旅のせいで空腹《くうふく》でたまらなくなり、マーリンの第二の戒《いまし》めをうっかり忘《わす》れて、妹に食べ物を頼《たの》みました。妹はまだ呪縛《じゅばく》が解《と》けきっておらず、危《あぶ》ないと注意したくてもできません。悲しい目で訴《うった》えかけるのが精《せい》いっぱいで、立っていくと、大きな黄金のどんぶりいっぱいにミルクとパンのおかゆをよそってきました。

とたんに王子はマーリンの言葉を思い出しました。「何ひとつ飲み食いしてはいけない。ほんのひとしずく、ほんのひとかけらでも妖精国《ようせいこく》のものを口にしたら、二度とこの世に戻《もど》れなくなるぞ」

そのどんぶりを払《はら》いのけ、しなやかで若《わか》さにあふれた美しい姿《すがた》で仁王立《におうだ》ちすると、大声で挑《いど》みました。「ヘレン姫《ひめ》を助け出すまでは一滴《てき》も飲まず、一口も食べないぞ」

すぐさま雷鳴《らいめい》がとどろき、こんな声が聞こえた。

「フィー・フォー・フィー・フム、
キリスト教徒の男の臭《にお》いがするぞ
生きていようが死んでいようが剣《けん》をお見舞《みま》いして

頭から脳《のう》みそをぶちまけてやる」

二枚扉《にまいとびら》が乱暴《らんぼう》に開き、妖精王《ようせいおう》が猛然《もうぜん》とやってきます。その恐《おそ》ろしい姿《すがた》に目もくれず、ローランド王子は大胆不敵《だいたんふてき》に言い放ちました。「かかってこい、化け物め！手加減《てかげん》無用でくるがいい、度胸《どきょう》があれば！」そして必殺の名剣《めいけん》を手に、相手にかかっていきました。

ローランド王子と妖精王《ようせいおう》のすさまじい一騎打《いっきう》ちになり、ヘレン姫《ひめ》は両手を握《にぎ》り合わせ、恐《おそ》れと希望ではらはらしながら見守っています。

えんえんと戦いつづけ、ついにローランド王子の一撃《いちげき》で妖精王《ようせいおう》は膝《ひざ》をつきました。そして、すぐさま声をあげます。「降参《こうさん》だ。そなたは正々堂々と戦って、わたしに勝った」

そこでローランド王子が、「妹と兄たちにかけた魔法《まほう》をすべて解《と》き、一緒《いっしょ》に人間世界へ戻《もど》らせてくれれば命は助けてやろう」

妖精王《ようせいおう》は承知《しょうち》すると黄金のたんすへ近づき、鮮血《せんけつ》のような液体《えきたい》をなみなみと入れた小瓶《こびん》を出してきました。それをヘレン姫《ひめ》と、黄金の棺《ひつぎ》ふたつに横たわる兄たちの両耳、両目のまぶた、鼻の穴《あな》、くちびる、指先すべてに塗《ぬ》っていきます。

とたんに兄たちは飛び起きて、今の今まで魂《たましい》をどこかにやられていたが、ようやく自分の体に戻《もど》れたとくちぐちに言いました。

その後に妖精王《ようせいおう》が魔《ま》法《ほう》を一掃《いっそう》する呪文《じゅもん》を唱え、夕映《ゆうば》えの茜《あかね》の大広間を出て、薄明《うすあ》かりに照らされながら、透明《とうめい》な岩をくりぬいてセレナイトや銀や色とりどりの宝石《ほうせき》をびっしりとちりばめた長いトンネルをたどり、三人の王子と姫《ひめ》を出口へと案内していきます。やがて緑《みどり》の丘《おか》の出口が兄妹《きょうだい》の背後《はいご》で閉《と》ざされ、妖精王《ようせいおう》の黒い塔《とう》はそれが見納《みおさ》めになりました。

太陽の下に出たとたんに、兄妹《きょうだい》はいつのまにか自分たちの王宮に戻《もど》っていたからです。

ただし、ヘレン姫《ひめ》は二度と教会を時計と逆《ぎゃく》に回《まわ》らないように用心を怠《おこた》りませんでした。

おばあさんとお化け

あるところに、根っから明るくてほがらかなおばあさんがいました。はた目にはとてもそんな境遇《きょうぐう》ではなかったんですけど。だって、身寄《みよ》りのない貧乏《びんぼう》な老人なんですよ。吹《ふ》けば飛ぶような小屋住まいで、近所の人の使い走りをして、お礼がわりにちょっぴりずつ食べるものをもらって。そんなかつかつの暮《く》らしなのに、まるで何不自由ないご身分みたいに、いつも楽しそうに過《す》ごしていました。

さて、ある夏の夕方、いつもみたいにニコニコしながら街道沿《かいどうぞ》いに家路《いえじ》を急いでいたら、道端《みちばた》のどぶに落ちているのは、どう見ても大きな黒い壺《つぼ》じゃありませんか！

「あらまあ、いいねえ！」大声で、「これで中身になるような手持ちがあれば、願ったりかなったりなんだけど！　何にもないわ！　誰《だれ》が捨《す》ててったんだろうね？」

そのへんに落とし主がいないかしらときょろきょろしましたが、見当たりません。

「穴《あな》でも開いたかねえ。それで捨《す》てたのかな。それだって、花でも植えて窓辺《まどべ》に飾《かざ》ったら、ちょっといいじゃないの。じゃ、このままあたしが頂《いただ》いて帰りますよ」ふたをとって中をのぞいてみた。「あらあらまああ！」ずいぶんな驚《おどろ》き声をあげてしまいました。「金貨がぎっしりだ。ツイてるねえ！」

おばあさんの言葉通り、大きな金貨が壺《つぼ》のふちまでぎっしりです。まあねえ、初めのうちこそ天地がわからないほどびっくりして、なすすべもなく棒立《ぼうだ》ちになっていましたよ。やがて口がきけるようになると、「まったくねえ！　お金持ちの実感がわいてきたわ、とほうもない大金持ちになった気分よ！」

その言葉をさんざん繰《く》り返《かえ》したあげく、どうやって持って帰ろうかと頭をひねりました。重すぎて老人の力では抱《かか》えきれないので、壺《つぼ》をショールの端《はし》っこに結びつけ、ずるずる引いていくに越《こ》したことはなさそうです。

「じきに日が落ちるよ」歩きながらひとりごとで、「ますます好都合だね！　運んでいるところをご近所さんたちに見られないですむし、この先の計画を、夜通しひとりで思《おも》い描《えが》いていられるからね！　なんならお屋敷《やしき》をぽんと買っちまって、日がな一日のんびりと暖炉《だんろ》にあたって紅茶《こうちゃ》でも飲んでさ、女王さまみたいに暮《く》らすとか。それとも庭先に埋《う》めておいて、ほんのお小遣《こづか》い程度《ていど》を炉棚《ろだな》のティーポットに隠《かく》しておこうか。それとも――いいねえ！　いいねえ！　こんな太《ふと》っ腹《ぱら》気分を味わった覚えはこれまでなかったよ」

ずっしりした壺《つぼ》を引きずるうちにちょっとくたびれたので、一息入れついでに、中のお宝《たから》をのぞいてみることにしました。

そしたらまあ！　中身は金貨でもなんでもない！　大きな銀のかたまりじゃありませんか。

おばあさんは穴《あな》が開くほど見て、ひとしきり目をこすったあと、さらによく見直しました。

そのあげくに、「あらまあ！　違《ちが》ったねえ。なのにあたしったら、金貨の壺《つぼ》だなんて勘違《かんちが》いしてさ！　夢《ゆめ》でも見たんだわ。でもさ、これだって儲《もう》けもんだよ！　銀のほうがはるかに面倒《めんどう》がないじゃない――気も楽だし、おいそれと盗《ぬす》まれやしない。これが金貨だったら、それがもとで殺されたっておかしくないし、銀塊《ぎんかい》でもこれだけ大きければね――」

将来《しょうらい》の使い道をあれこれ考えながらまた歩きだし、やっぱり金持ち気分を味わいながら、また少しくたびれて休憩《きゅうけい》し、あたりをうかがってから宝物《たからもの》の無事を確《たし》かめました。そしたらどうでしょう、大きな鉄のかたまりじゃありませんか！

「あらまあ！　違《ちが》ったねえ！」また同じセリフが出てきました。「なのにあたしったら、銀と見間違《みまちが》えるなんて！　夢《ゆめ》でも見たんだわ。でもさ、これだって儲《もう》けもんだよ！　なにかと使い回しがきくじゃないの。鉄屑《てつくず》買いに売り払《はら》えば小銭《こぜに》いくらかにはなるし、手持ちの銅貨《どうか》は、よそさまの金貨や銀なんかよりよっぽど助かるわ。そうだよ！　だって金や銀じゃ、誰《だれ》かに盗《ぬす》まれるんじゃないかって夜もおちおちできないじゃないか。だけど、銅貨《どうか》なら使い道には事欠かないし、あの鉄をまとめ売りしてがっぽり儲《もう》けよう——ほんとにひと財産《ざいさん》だよ」

小銭《こぜに》の使い道をあれこれ考えながら歩き出し、また一息入れて周囲をうかがい、宝物《たからもの》の無事を確《たし》かめました。そしたら今度の中身は、大きな岩ひとつだけです。

「あらまあ！　違《ちが》ったねえ！」満面の笑顔《えがお》で声をあげました。「なのにあたしったら、鉄だなんて勘違《かんちが》いして。夢《ゆめ》でも見たんだわ。でも、このほうがよっぽどツイてるねえ、ちょうど門の戸の押《お》さえになる石がどうしてもほしかったんだもの。まったくね！　けどさ、よっぽどいいほうに変わってくれたじゃないの！　ツイてるって本当にいいもんだねえ」

そこで、その岩が門の押《お》さえに向いているかどうかを確《たし》かめようと、おばあさんは家までの坂道を急ぎに急いだのです。門を開け、壺《つぼ》にくくりつけたショールをほどこうと振《ふ》り向《む》きました。そうですとも！　岩に変わりはありません。岩らしく、どっしりした感じが見てとれる程度《ていど》には明るかったのですから。

かがんでショールをほどこうとして――

「あれあれ！」

だしぬけに岩がぴょんと跳《は》ねて甲高《かんだか》く鳴き、たちまち干《ほ》し草《くさ》山ほどの大きさにふくらみました。お次にやせこけた大きな脚《あし》がにょきっと四本出て、両耳がにゅうっと伸《の》び、ふさふさの大きなしっぽがあらわれ、だだっ子そっくりに足を踏《ふ》み鳴《な》らして、蹴《け》ったり泣いたり騒《さわ》いだり笑い声をあげたりしたんですよ！

そいつがずっと向こうへ行ってしまうまで、おばあさんは目を皿のようにして見送り、それから自分も笑いこけました。

「まあまあ」くすくす笑いながら、「あたしゃ、ツイてたねえ！　この界隈《かいわい》で右に出る者は絶対《ぜったい》いないね。ひとりっきりで、あんなお化けに出くわしても首尾《しゅび》よく逃《に》げられたんだもの。すごいね！　元気が出るよ――景気がいいじゃないか！」

その晩《ばん》のおばあさんは家に入ってからもずっと、つくづく自分はツイていたなあと一部始終を思い出しては、くすくす一人笑いしたのでした。

イグサのずきん

むかしむかしの大むかし、この世が始まって、まだまもなく、不思議なことがあれこれ起こっていたころ、たいへんお金持ちの領主《りょうしゅ》さまが住んでいました。奥方《おくがた》に先立たれ、あとに残ったのは三人の美しい娘《むすめ》たち。領主《りょうしゅ》さまは娘《むすめ》たちを目に入れても痛《いた》くないほどかわいがり、それはそれは愛していました。

さて、ある日のこと、領主《りょうしゅ》さまは娘《むすめ》たちからも同じように愛されているか知りたくなり、まずは一番上の娘《むすめ》にたずねました。「わしのことをどれほど大事に思っておるかね、娘《むすめ》や？」

すると、娘《むすめ》はそくざに答えました。「わたくしの命のように」

「こよなくうれしいぞ、よしよし」領主《りょうしゅ》さまはそういって娘《むすめ》にキスをし、ついで二番めの娘《むすめ》にたずねました。

「わしのことをどれほど大事に思っておるかね、娘《むすめ》や？」

すると、娘《むすめ》はためらうことなく答えました。「この世のすべてを合わせたよりも、ずっと」

「うれしく思うぞ！」領主《りょうしゅ》さまはそういって娘《むすめ》の頰《ほお》をなでると、ついで末の娘《むすめ》に向かいました。いちばん器量よしの娘《むすめ》です。「で、おまえはわしのことをどれほど大事に思っておるかね、最愛の娘《むすめ》や？」

さて、この末の娘《むすめ》は、美しいばかりか気がきいていました。そこで、しばし考えてから、ゆっくり答えました。

「大事に思っております、生の肉に塩が欠かせないように！」

ところが、これを聞くと、父親はかんかんに腹《はら》を立てました。末の娘《むすめ》を上の二人よりもずっとかわいがっていたからです。

「なんとな！　いままでしてやってきたことがその程度《ていど》だというのなら、この家から出てゆけ」そういうなり、父親は末の娘《むすめ》を生まれ育った家から追いだし、その鼻先で扉《とびら》を閉《し》めてしまいました。

末娘《すえむすめ》が行くあてもなく、先へ先へとさまよっていたところ、大きな沼《ぬま》がありました。アシがたいそう長く生《お》い茂《しげ》り、イグサが畑の小麦のように風にそよいでいます。娘《むすめ》はそこに腰《こし》を下ろし、イグサの衣《ころも》と、おそろいのずきんを編《あ》みました。いま着ている豪華《ごうか》な服と、真っ白な真珠《しんじゅ》で飾《かざ》りたててある美しい金色の髪《かみ》を隠《かく》すためです。賢《かしこ》かったので、そのような寂《さび》しい土地では、盗賊《とうぞく》に襲《おそ》われて殺され、ほればれするような服や宝石《ほうせき》を奪《うば》われてしまうかもしれないと考えたのでした。

衣《ころも》とずきんを編《あ》むには、けっこうな時間がかかりましたので、そのあいだ、娘《むすめ》は短い歌を口ずさみました。

この髪《かみ》、隠《かく》せ、イグサのずきん
この胸《むね》、隠《かく》せ、イグサの衣《ころも》
そう！　わたしの返事は正しいの
父さま、塩がお好きなよりも
わたしは父さま、好きだもの

すると、沼《ぬま》の鳥たちがそばにやってきて、耳を傾《かたむ》け、歌を返しました。

イグサのずきん、涙《なみだ》を流すな
イグサの衣《ころも》、案ずるな

そなたの言葉を、気に入らない
父さま、見る目をお持ちでない

編《あ》みおわったところで、娘《むすめ》がイグサの衣《ころも》を身につけると、豪華《ごうか》な服がすっかり隠《かく》れました。ずきんをかぶると、美しい髪《かみ》がすっかり隠《かく》れました。そして、見かけはどうということのない田舎娘《いなかむすめ》になったのです。けれど、沼《ぬま》の鳥たちは、次のように歌いながら飛んでいきました。

イグサのずきん！　わかるぞよ
イグサの衣《ころも》！　そなたのことよ
美しくて清らかな、やさしくて汚《けが》れない
そなたは何あれ、変わるまい

そのころには、娘《むすめ》はおなかがとてもすいていましたので、先へ先へとさまよっていきました。けれど、小さな家ひとつ、小さな村ひとつありません。やがて、ちょうど日が沈《しず》むまぎわに、沼《ぬま》のほとりにある大きなお屋《や》敷《しき》に行き着きました。堂々とした正面の入口がありましたが、イグサの衣《ころも》を着ていることを考えて、裏《うら》にまわりました。するとそこで、がっしりして太った皿洗《さらあら》い女《おんな》が、ひどく不機嫌《ふきげん》そうな顔つきで、皿や鍋《なべ》を洗《あら》っていました。娘《むすめ》は賢《かしこ》かったので、皿洗《さらあら》い女《おんな》の気持ちを察して、こういいました。「ひと晩泊《ばんと》めてくださるなら、わたしが代わりにお皿やお鍋《なべ》を洗《あら》いましょう」

「おや！　そりゃ、ありがたい」皿洗《さらあら》い女《おんな》はふたつ返事で、大喜び。「あたしゃ、いい人と出かけたくてたまらなかったんだ。あんたが仕事を代わってくれたら、あたしの寝床《ねどこ》でいっしょに寝《ね》かせてやってもいいし、夕飯だってわけてやろう。ただし、ごしごしこすって、よく洗《あら》っとくれ。でないと、料理番に怒《おこ》られちまう」

さて、翌朝《よくあさ》、皿はきれいに磨《みが》かれて、まるで新品そのもの。鍋《なべ》は銀のようにぴかぴか光っていました。そこで、料理番は皿洗《さらあら》い女《おんな》にいいました。「だれが皿や鍋《なべ》を洗《あら》ったんだ――おまえじゃないね、間違《まちが》いない」というわけで、皿洗《さらあら》い女《おんな》は本当のことを白状《はくじょう》するはめになりました。すると、料理番はいままでの皿洗《さらあら》い女《おんな》をくびにして、新しくやってきた娘《むすめ》を雇《やと》おうとしたのです。けれど、娘《むすめ》は聞き入れようとしませんでした。

「この方はご親切に、わたしをひと晩泊《ばんと》めてくださったのです」と娘《むすめ》はいいました。

「ですから、わたしはお給金なしでここにいて、この方のためにたいへんな洗《あら》い物《もの》を引き受けます」

こうして、イグサずきんは、どうしても名前をいわないので、みんなからそう呼《よ》ばれて、そのお屋敷《やしき》で皿を洗《あら》ったり鍋《なべ》を磨《みが》いたりすることになりました。

そうこうするうちに、お屋敷《やしき》のご主人の息子《むすこ》が成人し、お祝いに近くの人たちを招《まね》いて舞踏会《ぶとうかい》が開かれました。この若者《わかもの》は踊《おど》りが得意で、とくに田舎《いなか》ふうの踊《おど》りが何よりも好きだったのです。舞踏会《ぶとうかい》はことのほか華々《はなばな》しく、夕食がふるまわれたあと、召使《めしつか》いたちは舞踏室《ぶとうしつ》のすみから上流の人々が踊《おど》るところを見てもよいと許《ゆる》されました。

けれど、イグサずきんは断《ことわ》りました。自分も踊《おど》りが得意だったので、ヴァイオリンが楽しそうな曲を奏《かな》でたら、思わず踊《おど》りだしてしまいそうだったからです。そして、皿を洗《あら》ったり鍋《なべ》を磨《みが》いたりして、くたくただからといって、ほかの者たちが出かけたあと、寝床《ねどこ》に入ってしまいました。

ところが、まあ！　なんとしたことでしょう！　舞踏室《ぶとうしつ》の扉《とびら》があけ放してあったので、寝床《ねどこ》で横になっていても、ヴァイオリン弾《ひ》きがヴァイオリンを弾《ひ》く音や踊《おど》る人たちの足音が聞こえてくるではありませんか。

イグサずきんは思わずイグサのずきんと衣《ころも》を脱《ぬ》ぎました。そして、あいもかわらず美しく清らかな姿《すがた》になったかと思うと、もう舞踏室《ぶとうしつ》にいて踊《おど》りに加わっていました。美しさやドレスの素晴《すば》らしさにかけては、ほかのだれもかなわないほどです。おまけに、その踊《おど》りの見事なことといったら……！

お屋敷《やしき》のご主人の息子《むすこ》は、たちまち娘《むすめ》しか目に入らなくなり、深々とおじぎをして、その晩《ばん》ずっと踊《おど》りの相手をしてほしいと頼《たの》みました。おかげで、娘《むすめ》は心ゆくまでたっぷり踊《おど》りました。さあ、舞踏室《ぶとうしつ》にいる人たちは大騒《おおさわ》ぎ。この初めて見る美しい娘《むすめ》がだれなのか、知りたくてうずうずしました。けれど、娘《むすめ》は身分をあかさず、ちょっとした言いわけをして、舞踏会《ぶとうかい》が終わる前にそっと抜《ぬ》けだしたのです。そして、仲間の召使《めしつか》いたちが部屋に戻《もど》ってきたときには、もうイグサのずきんと衣《ころも》をつけて、ぐっすり眠《ねむ》っているふりをしていました。

次の朝、召使《めしつか》いたちのあいだでは、見知らぬ美しい娘《むすめ》の話でもちきりでした。

「あんたも見られたらよかったのに」と召使《めしつか》いたちがいいました。「あんなにきれいなお嬢《じょう》さんは見たことがないに決まってるよ、まるで雲の上のお方のようでね。金色の髪《かみ》には、たくさんの真珠《しんじゅ》がまばゆくきらめいてるんだ。おまけに、あのドレスときたら――ああもう！　どんなドレスだったか、話したって信じてもらえないくらいだよ。若《わか》さまはそのお嬢《じょう》さんから、いっときたりとも目を離《はな》さなくてさ」

イグサずきんはただにこりとして、目をいたずらっぽく光らせていいました。

「わたしもぜひ見たいけれど、そんな機会はもうないでしょうね」

「いいや、あるとも」召使《めしつか》いたちが答えました。「そのお嬢《じょう》さんがまた踊《おど》りにいらっしゃることを願って、若《わか》さまは今夜また舞踏会《ぶとうかい》を開くよう命じなすったんだから」

けれど、その晩《ばん》、イグサずきんはまた舞踏室《ぶとうしつ》へ行くのを断《ことわ》りました。お皿を洗《あら》ったり鍋《なべ》を磨《みが》いたりして、くたくただからといって。そして、またもや、ヴァイオリン弾《ひ》きがヴァイオリンを弾《ひ》く音が聞こえてくると、こう自分にいい聞かせました。

「一曲だけなら、踊《おど》らせてもらってもいいわよね――あの若《わか》さまと、ほんの一曲だけ。あの方、踊《おど》りがとてもお上手なんですもの」イグサずきんは、若主人《わかしゅじん》が自分と踊《おど》ってくれるのは間違《まちが》いないと感じていたのです。

まさにそのとおり、イグサずきんがずきんと衣《ころも》を脱《ぬ》いで出かけると、若主人《わかしゅじん》が舞《ぶ》踏室《とうしつ》の入口で、昨夜の娘《むすめ》が来るのをまっていました。ほかのだれとも踊《おど》るまいと、心に決めていたのです。

そこで、若主人《わかしゅじん》は娘《むすめ》の手を取り、舞踏室狭《ぶとうしつせま》しと踊《おど》りました。それはもう、たいそう素晴《すば》らしいお姿《すがた》でした！　これほど見事に踊《おど》る二人など、ほかにいたためしはありません！　二人はとても若《わか》く、とても立派《りっぱ》で、とても美しく、とても楽しそうでした！

けれど、またまたイグサずきんは身分をあかさず、うまくいいつくろって途中《とちゅう》でそっと抜《ぬ》けだしました。そして、ほかの召使《めしつか》いたちが戻《もど》ってきたときには、もう自分の寝床《ねどこ》にいて、ぐっすりと眠《ねむ》っているふりをしていたのです。ただ、頬《ほお》が真っ赤にほてって息も切れていたので、ほかの召使《めしつか》いたちはこんなふうにいいました。

「おや、夢《ゆめ》を見てるよ。いい夢《ゆめ》だといいね」

さて、次の朝、召使《めしつか》いたちはイグサずきんが見のがしたことを、口々に話しました。きのうの若《わか》さまくらい、すてきな方は見たことなかったよ！　あのお嬢《じょう》さんくらい、美しい方も見たことなかったよ！　あれほど上手な踊《おど》りだって、見たことなかったよ！　ほかのみんなときたら、踊《おど》るのをやめて、お二人に見とれちゃってさ。

イグサずきんはまたいたずらっぽく目をきらりとさせて、いいました。「その方を見たかったわ。でも、もうぜったいに無理ね！」

「いいや、見られるとも！」召使《めしつか》いたちが答えました。「今夜こそ舞踏《ぶとう》会《かい》へ行ってごらん、きっと会えるから。あの見知らぬ美しい方がまたいらっしゃるだろうと、

「若さまが今夜も舞踏会をお開きなさるんだ。若《わか》さまはもうすっかり、あの方に夢中《むちゅう》になってしまわれたみたいだよ」

このとき、イグサずきんはもう二度と踊《おど》るまいと心に決めました。恵《めぐ》まれた若主《わかしゅ》人《じん》が皿洗《さらあら》いの召使《めしつか》いを好きになるなんて、いけないことでしたから。なのに、なんとまあ！ またヴァイオリンの音色が聞こえてくるなり、イグサずきんはイグサのずきんと衣《ころも》を脱《ぬ》ぎ、もとのきれいで清らかな姿《すがた》になっていたのです！ 美しい金色の髪《かみ》をとかす必要すらありませんでした！ そして、気づいたときには、また舞踏《ぶとう》室《しつ》に入り、若主人《わかしゅじん》と踊《おど》っていました。若主人《わかしゅじん》は娘《むすめ》からけっして目を離《はな》さず、どうか名前を教えてくださいと頼《たの》みました。けれど、娘《むすめ》は身分をうちあけないまま、もうけっして、ぜったいに、二度と踊《おど》りには来ません、これでお別れです、というばかりでした。若主人《わかしゅじん》は娘《むすめ》の手をぎゅっと握《にぎ》っていたので、娘《むすめ》が無理やり手を引き離《はな》そうとしたとき、ああ、なんとしたことでしょう！ 若主人《わかしゅじん》の指輪がするりと抜《ぬ》け、娘《むすめ》はそれを握《にぎ》ったまま自分の寝床《ねどこ》に戻《もど》ってしまったのです！ イグサのずきんと衣《ころも》は、なんとかつけましたが、そこへ仲間の召使《めしつか》いたちがぞろぞろと戻《もど》ってきたので、寝《ね》たふりはできませんでした。

「あなたたちが上がってくる音で、目が覚めたの」とイグサずきんが言いわけすると、ほかの召使《めしつか》いたちがいいました。「いいや、あたしらの音じゃないさ！　お屋敷《やしき》じゅうの人たちが、あの美しい見知らぬ方を探《さが》して、大騒《おおさわ》ぎしてるんだから。若《わか》さまはその方を引きとめようとなすったんだけど、その方はウナギみたいにするっと逃《に》げておしまいになってね。だけど、若《わか》さまはきっとその方を探《さが》しだすといってなさる。見つけられなかったら、恋《こ》いこがれるあまり、死んでおしまいになるだろうよ」

そこで、イグサずきんは笑っていいました。「若《わか》い殿方《とのがた》は、恋《こ》いこがれるあまり死んだりしないわ。若《わか》さまはだれかほかの人を見つけるでしょう」

けれど、若主人《わかしゅじん》はだれかほかの人を見つけませんでした。くる日もくる日も、踊《おど》り上手なあの美しい娘《むすめ》を探《さが》しましたが、どこへ行っても、だれにたずねても、あの娘《むすめ》のことは何もわかりません。若主人《わかしゅじん》は日に日にどんどん瘦《や》せ衰《おとろ》え、顔色が悪くなって、とうとう床《とこ》に伏《ふ》せってしまいました。

そんなとき、女中頭が料理番のところに来ていいました。「腕《うで》によりをかけて、とびきりおいしい食事を作っておくれ。若《わか》さまが何も召《め》しあがらないものだから」

そこで、料理番はさまざまなスープや、ゼリーや、クリーム菓子《がし》や、ローストチキンや、とろりとしたブレッドソースを作りました。それでも、若主人《わかしゅじん》は何ひとつ食べようとしません。

イグサずきんは皿を洗《あら》い、鍋《なべ》を磨《みが》くばかりで、何もいいませんでした。

そのあと、女中頭が泣きながらやってきて、料理番にいいました。「若《わか》さまに、おかゆを作っておくれ。それなら、召《め》しあがるかもしれないから。でなけりゃ、若《わか》さまはあの踊《おど》り上手な美しい娘《むすめ》さんに恋《こ》いこがれて、死んでおしまいになる。あの娘《むすめ》さんがいまの若《わか》さまをごらんになったら、きっとかわいそうだとお思いになるでしょうよ」

そこで、料理番はおかゆを作りはじめ、イグサずきんは鍋《なべ》を磨《みが》くのをやめて、その姿《すがた》をじっと見ていました。

「わたしにおかゆをかきまわさせてくださいな」とイグサずきんはいいました。

「あなたが食器室からおわんを取ってくるあいだだけ」

こうして、イグサずきんはおかゆをかきまわしたのですが、それから何をしたかというと、料理番が戻《もど》ってくる前に、若主人《わかしゅじん》の指輪をおかゆのなかにそっと落としたのです！

そのあと、女中頭がおかゆの入ったおわんを銀のおぼんにのせて、持っていきました。けれど、若主人《わかしゅじん》はそれを見るなり、いらないと手を振《ふ》るだけ。しまいに女中頭は、せめてひと口だけでもと、涙《なみだ》ながらに訴《うった》えました。

そこで、若主人《わかしゅじん》が銀のさじを手に取り、おかゆをかきまわしたところ、おわんの底に何かかたい物がありました。それをすくいあげると、なんとまあ！ 自分の指輪ではありませんか！ たちまち若主人《わかしゅじん》はベッドに身を起こし、力強い声でいいました。「料理番をここへ！」

料理番がやってくると、若主人《わかしゅじん》は、だれがおかゆを作ったのかとたずねました。

「あたしでございますが」料理番は、うれしいような、怖《こわ》いような気持ちで答えました。

すると、若主人《わかしゅじん》はじろじろと料理番を眺《なが》めまわしました。「いや、おまえじゃない！ おまえはでっぷりしすぎている！ だれがおかゆを作ったのか教えるんだ、とがめたりはしないから！」

とたんに、料理番は泣きだしてしまいました。「申しわけございません、若《わか》さま、作ったのはあたしですが、かきまわしたのはイグサずきんでございます」

「イグサずきんとは、だれだ？」若主人《わかしゅじん》がたずねました。

「はい、若《わか》さま、イグサずきんというのは、皿洗《さらあら》いでございます」料理番は涙声《なみだごえ》になりました。

すると、若主人《わかしゅじん》はため息をつき、また枕《まくら》に倒《たお》れこみました。「イグサずきんをここへ呼《よ》べ」消え入りそうな声でした。本当に、いまにも死にそうだったのです。

イグサずきんがやってくると、若主人《わかしゅじん》は、イグサのずきんと衣《ころも》をちらりと見ただけで、壁《かべ》のほうへ顔をそむけてしまいました。それでも、かぼそい小さな声でたずねました。「あの指輪をだれからもらったのだ?」

さて、イグサずきんは、自分に恋《こ》いこがれて、これほど力を落として弱っている若者《わかもの》が気の毒になり、かたくなな心がやわらいで、やさしい声で答えました。「わたしにそれをくださった方から」そして、イグサのずきんと衣《ころも》を脱《ぬ》ぐと、また前のように美しく清らかな娘《むすめ》になりました。きれいな金色の髪《かみ》には、いちめんに真珠《しんじゅ》が輝《かがや》いていています。

その姿《すがた》がちらりと目に入るなり、若者《わかもの》は精《せい》いっぱいの力を出してベッドから身を起こすと、娘《むすめ》を抱《だ》きよせ、心をこめてキスをしました。

そんなわけで、お察しのとおり、二人は結婚《けっこん》することになりました。娘《むすめ》は身分をだれにもあかさなかったので、皿洗《さらあら》いのままでしたけれどね。さあ、近くからも遠くからも、だれもが結婚式《けっこんしき》に招《まね》かれました。その客のなかには、イグサずきんの父親もいます。父親はいとしい娘《むすめ》を失った悲しみのせいで目が見えなくなり、心が沈《しず》んで、あわれな様子でした。けれど、この屋敷《やしき》のご主人と親しかったので、若主人《わかしゅじん》の結婚式《けっこんしき》に出ないわけにはいかなかったのです。

結婚式《けっこんしき》のごちそうは、それまでにないくらい豪華《ごうか》になりました。けれど、イグサずきんは友だちの料理番のところへ行って、頼《たの》みました。「どのお料理にも、お塩をひとつまみも入れないでくださいな」

「そんなことをしたら、とてもじゃないけど、まずくて食べられないよ」と料理番は答えました。でも、イグサずきんにおかゆをかきまわさせて、若主人《わかしゅじん》の命を救ったことを自慢《じまん》に思っていたので、頼《たの》まれたとおり、披露宴《ひろうえん》のごちそうというごちそうには、塩をひとつまみも入れませんでした。

いよいよ食卓《しょくたく》についた人たちは、満足げに、にこにこと顔をほころばせていました。どの料理も、たいそう豪華《ごうか》でおいしそうだったからです。けれど、食べはじめたとたん、お客たちはがっかりした顔になりました。塩を入れない料理なんて、おいしいはずがありません。

そのとき、イグサずきんの父親が泣きだしました。目の見えないこの父親を、娘《むすめ》は自分の隣《となり》に座《すわ》らせていたのです。

「どうなさいましたか？」娘《むすめ》は聞きました。

すると、老人はすすりあげながらいいました。「わしには、心から深く愛している娘《むすめ》がおったのです。どれくらいわしを大事に思っているかと聞くと、「生の肉に塩が欠かせないように」と答えたので、わしは腹《はら》を立て、家から追いだしてしまいましてな。わしのことを少しも大事に思っておらぬと、感じたわけでして。だが、いまようやくわかったのですよ。娘《むすめ》はわしを何よりも大事に思っておったとね」

そういったとき、老人の目が開きました。隣《となり》には、自分の娘《むすめ》がいっそう美しい姿《すがた》で座《すわ》っていました。

そこで、娘《むすめ》は片手《かたて》を父親に、もう一方の手を夫である若主人《わかしゅじん》にさしだして、笑い、こういいました。「わたしはお二人のことを、大事に思っております。生の肉に塩が欠かせないように」そのあと、みんなはいつまでもずっと幸せに暮《く》らしました。

ロバとテーブルと棍棒《こんぼう》

むかしのこと、父親と折り合いが悪かったジャックという若者《わかもの》が家を逃《に》げ出《だ》して、一旗《ひとはた》あげようと広い世間に出ていきました。

足が続く限《かぎ》り逃《に》げて逃《に》げて逃《に》げまくり、もうこれ以上は無理というところで、薪《たきぎ》拾《ひろ》いをしていた小柄《こがら》なおばあさんにぶつかりました。人のいいおばあさんは、息を切らしてお詫《わ》びもままならなかったジャックに好感を持ち、召使《めしつか》いに雇《やと》ってあげよう、お給金ははずむよと言ってくれました。なにしろ腹《はら》ぺこだったから、一も二もなく決まりです！　連れていかれた先は森の中の一軒家《いっけんや》で、そこで一年と一日を勤《つと》め上《あ》げました。一年たつとあの老女に呼《よ》ばれ、さあ、いいものをあげようと言われました。そして、厩《うまや》にいたネディというロバを見せられ、お耳をちょいと引っぱってやったとたんにいななきました。ネディが鳴くたびに、口から大小の銀貨や金貨がざらざらこぼれたんですよ。

若者《わかもの》は大喜びでそのロバをもらい、乗っていく途中《とちゅう》で宿屋が見つかりました。何から何までいちばん上等を持ってこいと注文すると、前金でなくてはだめだと宿のおやじに断《ことわ》られたので、厩《うまや》へ行ってロバの耳を引っぱり、ポケットいっぱいの金を出してもらったのです。おやじはドアの割《わ》れ目《め》からその様子をのぞき見し、夜になるとさっそく、若者《わかもの》の大事なネディと自分のロバをすりかえました。何も知らないジャックは翌朝《よくあさ》、すりかえられたロバで帰省したのです。

さて、いちおうお話ししておくと、実家の近所に、貧乏《びんぼう》な後家さんが一人娘《ひとりむすめ》と暮《く》らす家があったんです。ジャックと娘《むすめ》はたちまち気が合い、相思相愛の仲になりました。それで帰省したついでに、その娘《むすめ》を嫁《よめ》にするから許可《きょか》をくれと父親に申し出たのです。

「おれにはこいつがいるからね、父さん」と、ロバに近づいて耳を引っぱってみせました。ですがさんざん引いて、しまいに耳がちぎれても、ネディはただ鳴くばかりで金貨も銀貨も吐《は》き出《だ》さない。やがて、怒《おこ》った父に干《ほ》し草《くさ》用の熊手《くまで》をふるわれ、家から叩《たた》き出《だ》されました。

そりゃあもう、逃《に》げましたとも。さんざん逃《に》げて逃《に》げたあげくにドアにぶち当たってなだれ込《こ》んだ先は、たまたま指物師《さしものし》の店でした。「感じのいい若《わか》いのだな」と、指物師《さしものし》。「うちで一年と一日働いてくれりゃ、給金ははずむぜ」承知《しょうち》して、一年と一日ご奉公《ほうこう》しました。「さあ、給金にいいものをやろう」親方はそう言ってテーブルを見せ、こう言いさえすればいいと教えてくれました。「テーブルよ、いっぱいになれ」それだけでたちどころに、飲み物や料理がふんだんに並《なら》びます。

ジャックはテーブルを背負《せお》うと、以前のあの宿屋へきました。「おーい、おやじ」テーブルをおろして声高《こわだか》に呼《よ》びます。「今日の夕食を頼《たの》む、酒も料理もいちばんいいやつで」

「お客さん、まことにあいにくですが」おやじが述《の》べました。「うちにはハムと卵《たまご》しかないんですよ」

「ハムと卵《たまご》なんかごめんだ!」ジャックが声を高めます。「自分で調達するほうがましだね。おい、テーブルよ、いっぱいになれ!」

すぐさまテーブルいっぱいに、七面鳥の丸焼き、ソーセージ、羊肉のローストにポテトや豆まで並《なら》びました。亭主《ていしゅ》は目を丸くしたが、何も言いません。そりゃそうでしょ! そうして夜のうちに屋根裏《やねうら》の物置から、魔法《まほう》のテーブルとそっくりなやつを出してきてすりかえたんですから。そして懲《こ》りないジャックはあくる朝に、安物のテーブルを背負《せお》ってえっちらおっちら帰省したというわけです。

「さあ、父さん、あの娘《むすめ》を嫁《よめ》にしてもいいだろう?」

「養いきれないうちはだめだ」父に言われてしまいました。

「なら、見てくれよ!」ジャックが声を励《はげ》まして、「父さん、このテーブルは一声かければなんでも出してくれるんだぜ」

「そんならやってみせろ」老父に言われました。

ジャックは部屋のまんなかにテーブルをすえて、あの呪文《じゅもん》を唱えました。でも、何度唱えてもだめなものはだめで、テーブルには何ひとつ出てこない。やがてぶち切れた父親が壁《かべ》にかけた鍋《なべ》を取ると、せがれの背中《せなか》が熱くなるまでぶちのめしました。若者《わかもの》は大声で泣きながら家を飛び出し、どこまでも走り続けて川っぷちに出ると、つんのめって川にはまってしまいました。ひとりの男が水から引き上げてくれ、木を倒《たお》して橋代わりにするから手伝えと言う。男があらかじめ根掘《ねば》りしておいた木にジャックがよじのぼり、木のてっぺんで、ぐいとはずみをつけて漕《こ》ぐと対岸へ横《よこ》倒《だお》しにしました。

「助かったよ。じゃあ、働いた分の礼をやろう」と、男はさっそく倒木《とうぼく》の枝《えだ》を折り、ナイフで削《けず》って棍棒《こんぼう》に仕立てました。「さ、持ってきな。それでだ、「起きろ、棍棒《こんぼう》、ぶちのめせ!」と言えば、あんたの気に食わんやつをもれなくぶちのめしてくれるよ」

ジャックは大喜びで棍棒《こんぼう》をもらい、まずはあの宿屋のいかさまおやじから懲《こ》らしめてやれとさっそく出向いて、おやじが顔を出したとたんに大声で、「起きろ、棍《こん》棒《ぼう》、ぶちのめせ！」

とたんに宙《ちゅう》を飛んだ棍棒《こんぼう》がおやじの背中《せなか》をぶちのめし、頭をガンガンやり、両腕《りょううで》をあざだらけにし、あばらをくすぐり、うめいて倒《たお》れるまでビシバシ打ちすえました。降参《こうさん》してもまだ叩《たた》き続《つづ》け、盗《ぬす》んだロバとテーブルを返すまでは勘弁《かんべん》してもらえません。やがてジャックはテーブルを背負《せお》って棍棒《こんぼう》をかまえ、ロバを飛ばして実家へと向かいました。戻《もど》ってみれば父親は死んでいたので、厩《うまや》にロバを入らせておいて耳を引き、飼《か》い葉《ば》おけがいっぱいになるまで金を出させました。

ジャックがたいそうな大金持ちになって戻《もど》ってきたという話が町中に知《し》れ渡《わた》ると、年頃《としごろ》の娘《むすめ》たちはこぞってジャックの嫁《よめ》になろうとしました。

「じゃあ、この町でいちばん金持ちな娘《むすめ》を嫁《よめ》にしよう。明日になったらみんな、めいめいのエプロンに有り金ぜんぶ入れて、うちの前に集まってくれ」

翌朝《よくあさ》は自分のエプロンに金貨や銀貨を入れてきた娘《むすめ》たちで、おもての道路がごった返しました。ですが、人垣《ひとがき》に混《ま》じっていたジャックの恋人《こいびと》は金貨も銀貨も持っていません。逆《さか》さに振《ふ》っても銅貨《どうか》二枚《まい》しか手持ちがないんです。

「脇《わき》へよけてくれ」ジャックはすげなくあしらいました。「金貨も銀貨もないんじゃあね——外《はず》れてくれよな」言われた通りにしながらも、娘《むすめ》の涙《なみだ》が頰《ほお》をつたい、あふれんばかりにエプロンにこぼれて、きらめくダイヤのしずくとなりました。

「起きろ、棍棒《こんぼう》、ぶちのめせ！」ジャックの号令でさっそく棍棒《こんぼう》が飛び出し、行列を作った娘《むすめ》たちの頭をかたっぱしから殴《なぐ》ってばたばたと倒《たお》しました。娘《むすめ》たちの金はジャックが全部集めて、恋人《こいびと》のエプロンにざらざらっとあけてやりました。「さ、これできみが町いちばんの金持ち娘《むすめ》になったね、ぼくの結婚相手《けっこんあいて》はきみだよ」

バラの木

　むかしむかしのずっとずっとむかし、魔女《まじょ》に気をつけなくてはならなかったころ、人のいい男がいました。ところが、若《わか》い奥《おく》さんに先立たれ、女の子の赤《あか》ん坊《ぼう》が残されました。

　さて、人のいいこの男は、赤《あか》ん坊《ぼう》の世話ができないと思ったものですから、別の若《わか》い女の人と再婚《さいこん》しました。その女の人は旦那《だんな》さんを亡《な》くし、男の子の赤《あか》ん坊《ぼう》を連れていました。

　というわけで、子どもたち二人はいっしょに育ち、とびきりなかよくなりました。ところが、男の子のお母さんは、じつは意地悪な魔女《まじょ》だったので、ひどくやきもちを焼き、男の子を一人じめしたくなってしまったのです。女の子が、肌《はだ》はミルクに劣《おと》らず白く、頬《ほお》はバラ色で、唇《くちびる》はサクランボのよう、おまけに髪《かみ》は金色の絹《きぬ》と見まごうほど輝《かがや》いて足元まで伸《の》び、父親や近所の人たちがこぞってその姿《すがた》をほめるようになると、さあ、たいへん。この継母《ままはは》は本気で女の子をきらい、かわいらしいまでいられないようにと、力のかぎりをつくしました。つらい手伝いをさせ、どんな天気だろうと外へやって難《むずか》しいお使いをさせ、それがうまくできないと、叩《たた》いたり、さんざん叱《しか》ったりしたのです。

さて、ある寒い冬の夕暮《ゆうぐ》れ、夏のあいだに子どもたちがそばで遊んだ庭の野バラの木が、すっかり茶色くなって葉も落ち、雪がずんずん降《ふ》り積《つ》もって、雪の花だけが枝《えだ》についているころ、継母《ままはは》は女の子にいいました。「おまえ！　雑貨屋《ざっかや》へ行って、ろうそくをひと束買っといで。ほら、金だ。さっさと行きな。ぶらぶらしてるんじゃないよ」

そこで、女の子はお金を握《にぎ》り、急いで雪のなかへ出ていきました。もう暗くなってきていたからです。いまや風が吹《ふ》きすさび、女の子は風に飛ばされそうでしたし、走ると、美しい髪《かみ》がもつれ、足を取られて転びそうでした。それでも、ろうそくを買って、お金を払《はら》い、家へ戻《もど》りはじめました。ですが、こんどは風がうしろから吹《ふ》いてくるものですから、美しい金髪《きんぱつ》が雲のように前へたなびき、足元が見えません。おまけに、柵《さく》にわたしてある踏《ふ》み段《だん》の前まで来たときには、ろうそくの束をいったん下に置いてから、どうしたら踏《ふ》み段《だん》を越《こ》えられるかやってみなければなりませんでした。すると、ちょうど踏《ふ》み段《だん》をのぼっているとき、大きな黒い犬がやってきて、たの子は継母《ままはは》が怖《こわ》くてたまらなかったので、そのまま家へ帰る気になれず、引き返して、雑貨屋《ざっかや》でまたろうそくをひと束買いました。ところが、柵《さく》にわたしてある踏《ふ》み段《だん》のところまでまた来たとき、同じことが起こりました。大きな黒い犬が道をやってくると、ろうそくの束をくわえて逃《に》げていってしまったのです。そこで、風や雪のなか、またまた女の子は雑貨屋《ざっかや》へ引き返し、最後の一ペニーで、またまたろうそくの束を買いましたけれど、ああ、なんと、それも無駄《むだ》になってしまったのです！　女の子が踏《ふ》み段《だん》をどうしたら越《こ》えられるかやってみようと、ろうそくを下に置いて美しい金髪《きんぱつ》をかき分けたとき、大きな黒い犬がろうそくをくわえて逃《に》げていってしまったからでした。

というわけで、女の子は心配のあまり震《ふる》えながら、継母《ままはは》のもとへ戻《もど》るしかありませんでした。ところが、どうしたことか、継母《ままはは》はあまり怒《おこ》っていないらしく、ひどく帰りが遅《おそ》くなったことを叱《しか》っただけです。というのも、ね、父さんも小さな遊び友だちも、とっくにベッドに入って眠《ねむ》りの世界をさまよっているころだったからです。

そのあと、継母《ままはは》は女の子にいいました。「寝《ね》る前に、もつれた髪《かみ》をすいてやらなくちゃねえ。さ、あたしの膝《ひざ》に頭をおのせ」

そこで、女の子が継母《ままはは》の膝《ひざ》に頭をのせますと、なんとまあ！　美しい金色の髪《かみ》がその膝《ひざ》から波打って床《ゆか》へと垂《た》れたのです。

その見事なことといったら、継母《ままはは》はねたましい思いがいっそう募《つの》りましたので、こういいました。「あたしの膝《ひざ》の上じゃ、髪《かみ》をちゃんと分けられないよ。たきぎを一本持っといで」

そこで、女の子はたきぎを一本持ってきました。すると、継母《ままはは》がいいました。「おまえの髪《かみ》はものすごく多いから、くしじゃかき分けられないよ。斧《おの》を持っといで！」

そこで、女の子は斧《おの》を持ってきました。

「さてと」悪い悪い継母《ままはは》がいいました。「おまえの髪《かみ》をかき分けるから、たきぎに頭をおのせ」

女の子がいわれたとおりにすると、なんてこと！　斧《おの》のひと振《ふ》りで、あっというまに美しい金髪《きんぱつ》の小さな頭は、ちょん切られてしまいました。

さて、悪い継母《ままはは》は前もって何もかも考えてありましたから、死んだかわいそうな女の子を庭へ運びだし、雪が積もっているバラの木の下に穴《あな》を掘《ほ》って、こうつぶやきました。「春が来て雪がとけ、この子の骨《ほね》が見つかったら、きっと道に迷《まよ》って雪のなかで眠《ねむ》っちまったんだって、みんなはいうだろうさ」

けれど、継母《ままはは》は悪い魔女《まじょ》で、魔法《まほう》やおまじないをよく知っていたので、まずは女の子から心臓《しんぞう》を取りだし、それでおいしい肉づめパイをふたつ作りました。ひとつは旦《だん》那《な》さんの、もうひとつは男の子の朝ごはんにするのです。そうすれば、二人が女の子にいだいていた愛は、継母《ままはは》に向けられるでしょう。ところが、継母《ままはは》のあてははずれました。朝が来て、女の子がいなくなったことがわかると、旦那《だんな》さんは朝ごはんを食べるどころではなくて押《お》しやり、男の子は泣いてしまって食事などできなかったからです。

というわけで、二人の悲しみようはたいへんなものでした。やがて雪がとけ、かわいそうな女の子の骨《ほね》が見つかったとき、二人はこういいました。「あの暗い夜、ろうそくを買いに雑貨屋《ざっかや》へ行ったとき、道に迷《まよ》っちゃったんだね」そこで、子どもたちがいっしょに遊んだバラの木の根元に骨《ほね》を埋《う》めました。男の子は毎日そこに座《すわ》っては、いなくなってしまった遊び友だちを思って泣くばかりでした。

さて、夏が来て、野バラの木に花が咲《さ》きました。白いバラがびっしり咲《さ》きみだれ、そこに美しい白い鳥がやってきました。鳥は天国からやってきた天使のような声で鳴き続けましたが、どんな歌を歌っているのか、男の子にはさっぱりわかりませんでした。泣いてばかりで、あたりを見もしませんでしたし、すすりあげていて、ほかの音が耳に入らなかったからです。

すると、とうとう美しい鳥は白い羽を大きく広げ、靴屋《くつや》へ飛んでいきました。ギンバイカの茂《しげ》みの下で、男が靴型《くつがた》にかがみこみ、小さいバラ色のおしゃれな靴《くつ》を作っています。鳥は枝《えだ》に止まると、ひときわきれいな声で歌いました。

継母《かあ》さんが、あたしの首をちょんぎった
父さんに、あたしを食べさせようとした
あたしはあの子が大好きよ
あの子の座《すわ》る木の上で歌うのよ
こつん！　ことん！　ころっと死んだ！

「その美しい歌を、もう一度歌っておくれ」靴屋《くつや》はいいました。「ナイチンゲールよりも上手だね」

「ええ、ええ、歌いますとも」鳥はさえずりました。「あなたが作っている、その小さいバラ色の靴《くつ》をくれるなら」

靴屋《くつや》が喜んで靴《くつ》をくれたので、白い鳥はもう一度歌いました。そのあと、バラ色の靴《くつ》を片足《かたあし》にはいて、金細工師《きんざいくし》が腰《こし》かけているベンチのそばに生えているトネリコの木へ飛んでいき、歌いました。

継母《かあ》さんが、あたしの首をちょんぎった
父さんに、あたしを食べさせようとした
あたしはあの子が大好きよ
あの子の座《すわ》る木の上で歌うのよ
こつん！　ことん！　ころっと死んだ！

「おやおや、なんて美しい歌なんだ！」金細工師《きんざいくし》が声をあげました。「もう一度歌ってておくれ、すてきな鳥さん。ナイチンゲールよりも上手だね」

「ええ、ええ、歌いますとも」鳥はさえずりました。「あなたが作っている、その金のくさりをくれるなら」

金細工師《きんざいくし》が喜んでくさりをくれたので、鳥はもう一度歌いました。そのあと、バラ色の靴《くつ》をはき、金のくさりをもう片方《かたほう》の足に引っかけて、水車の用水路におおいかぶさるように生えているカシの木へ飛んでいき、枝《えだ》に止まりました。用水路のそばでは、三人の粉屋がひき臼《うす》の手入れをしています。鳥はいちだんときれいな声で歌いました。

継母《かあ》さんが、あたしの首をちょんぎった
父さんに、あたしを食べさせようとした
あたしはあの子が大好きよ
あの子の座《すわ》る木の上で歌うのよ
こつん!

ちょうどそのとき、粉屋の一人が道具を置いて、耳をすましました。

「ことん!」鳥はさえずりました。

こんどは二人めの粉屋が道具を置いて、耳をすましました。

「ころっと」鳥はさえずりました。すると、三人めの粉屋が道具を置いて、耳をすましました。

「死んだ!」鳥がそれはもうきれいに歌ったので、粉屋たちはいっせいに顔を上げ、声をそろえて叫《さけ》びました。「おやおや、なんて美しい歌なんだ! もう一度歌っておくれ、すてきな鳥さん、ナイチンゲールよりも上手だね」

「ええ、ええ、歌いますとも」鳥はさえずりました。「手入れをしている、そのひき臼《うす》を、わたしの首から下げてくれるなら」

そこで、粉屋たちは頼《たの》まれたとおり、石臼《いしうす》を首から下げてやりました。鳥は歌いおわると、白い羽を大きく広げて、首から石臼《いしうす》を下げ、片足《かたあし》にバラ色の小さな靴《くつ》、もう一方の足に金のくさりを引っかけた格好《かっこう》で、バラの木へ戻《もど》りました。けれど、小さな遊び友だちはそこにいません。家のなかで夕ごはんを食べていたのです。

すると、鳥は家へ飛んでいき、ひさしのあたりで石臼《いしうす》をごろごろ鳴らしたので、継母《ままはは》が声をあげました。「お聞き！　雷《かみなり》が鳴ってる！」

そこで、男の子が確《たし》かめようと外へ走りでると、バラ色のおしゃれな靴《くつ》が足元に落ちてきました。

「見て、雷《かみなり》がこんなすてきな物を持ってきてくれたよ！」男の子は喜びの声をあげながら、家のなかへ駆《か》けもどりました。

次に、白い鳥がもう一度ひさしのあたりで石臼《いしうす》をごろごろ鳴らすと、継母《ままはは》がまたいいました。「お聞き！　雷《かみなり》が鳴ってる！」

そこで、こんどはお父さんが確《たし》かめようと外へ出ると、金のくさりが落ちてきてお父さんの首にかかりました。

「本当だ」お父さんは家のなかへ戻《もど》っていいました。「雷《かみなり》がすてきな物を持ってきてくれたよ！」

そのあと、白い鳥がもう一度ひさしのあたりで石臼《いしうす》をごろごろ鳴らすと、こんどは継母《ままはは》が待ってましたとばかりにいいました。「お聞き！　ほら、また鳴った！　きっとあたしに何かを持ってきたんだ！」

そして、走っていきましたが、ドアの外へ足を踏《ふ》みだしたとたん、石臼《いしうす》が頭の真上から落ちてきて、死んでしまいました。

そんなわけで、継母《ままはは》はいなくなり、そのあと小さな男の子は前よりもずっと楽しく暮《く》らしました。夏のあいだじゅう、小さなバラ色の靴《くつ》をはいて野バラの木の下に座《すわ》り、白い鳥の歌を聞いていたのです。けれど、冬が来て、野バラが丸はだかになり、咲《さ》いているように見えるのは雪の花だけで、白い鳥がもう来なくなったとき、小さな男の子は白い鳥を待つことにだんだん疲《つか》れていきました。そして、ある日、小さな男の子は息を引きとり、バラの木の下の、幼《おさ》なじみの隣《となり》に埋《う》められました。

やがて、春が来てバラが咲《さ》くと、その花は前のような白ではありませんでした。どの花も、縁《ふち》が小さな男の子の靴《くつ》のようなバラ色で、真ん中が小さな女の子の髪《かみ》のようなつやつやした美しい金色です。

いまでも、野バラをのぞいてみたら、そんな色が見つかりますよ、きっと。

訳者あとがき

イギリスという国は、日本でずいぶん人気があります。デパートの英国フェアはいつも大にぎわいですし、この本の読者にもイギリスに旅行した方、住んだことのある方はたくさんおいでかでしょう。チェシャとチェッコも話していた、みなさんが大好きなイギリスの童話があらわれたのは日本でいうと明治時代からの数十年です。不思議の国のアリス、ピーターパン、ピーターラビット、くまのプーさんなどが次々と世に出たのですから、当時の子どもは本屋さんに行くのがさぞ楽しかったでしょう。そのわくわく感をさらにふくらませたのが、この本の挿絵を描いたアーサー・ラッカムでした。

ラッカムの妖精や怪物たちは、かわいらしさと恐ろしさが絶妙です。どんなにこわいお化けでも、どこかすっとぼけた愛嬌があるのです。それはラッカムの絵がヴィクトリア時代よりはるかに古い、千年以上前からイギリスの人々に親しまれてきた民話に深く根ざしているからでしょう。

民話はどれも同じと思われがちですが、そうでもありません。地方や時代によって違いますし、本にまとめた人（編者といいます）の影響もあります。これまで日本で読まれてきたイギリスのお話はほとんどジェイコブズという編者の本ですが、今回はフローラ・アニー・スティールという女性の本からいくつかを選んでまとめました。スティール版はたくましい若い娘の話や、ちょっとヘタレで情けない若者が助けられる話が多く、現代でもありそうなリアルな親しみやすさが特徴で、イギリスではむしろこちらのほうが親しまれています。

ちょうど来年の二〇二〇年で、スティールの本がイギリスで出版されて百年たちます。さらに今年はアーサー・ラッカムの没後八十周年でもあり、大きな節目の年に日本でもご紹介できることをとてもうれしく思っています。

この本は、わたしたち訳者がこれからの方々に贈るささやかな希望です。それぞれの国や民族の価値観や考え方の土台をつかむために、昔話はとてもわかりやすいツールです。遠くて近い国イギリスへ近づくきっかけになれば幸いです。

希望を形にするために多大な支援を賜った岸川真さん、平凡社の湯原公浩さんと水野良美さん、ラッカムと果敢にコラボしてくださった谷澤茜さん、マツダオフィスの松田行正さんと杉本聖士さんはじめ、たくさんの方々に心より御礼申し上げます。

二〇一九年三月吉日

原題

あれあれおたすけ　*Lawkamercyme*

三びきの熊の話　*The Story of the Three Bears*

トム・ティット・トット　*Tom-Tit-Tot*

三枚の羽根　*The Three Feathers*

金のまり　*The Golden Ball*

ジャックと豆の木　*Jack and the Beanstalk*

ねこっ皮　*Catskin*

三びきの子豚　*The Three Little Pigs*

ノロウェイの黒牛　*The Black Bull of Norroway*

めんどりペニー　*Henny-Penny*

井戸の三つの首　*The Three Heads of the Well*

フォックス氏の城　*Mr. Fox*

おちびのスコーン　*The Wee Bannock*

赤ずきんちゃん　*Little Red Riding-Hood*

妖精王の黒い塔　*Childe Rowland*

おばあさんとお化け　*The Bogey-Beast*

イグサのずきん　*Caporushes*

ロバとテーブルと棍棒　*The Ass, the Table, and the Stick*

バラの木　*The Rose Tree*

編訳者略歴

吉澤康子（よしざわ・やすこ）

津田塾大学国際関係学科卒業。中学校教師のころより児童書に親しみ、英米文学翻訳家として子ども向けの読み物から大人向けの作品までを手がける。主な訳書に、エリザベス・ウェイン『コードネーム・ヴェリティ』『ローズ・アンダーファイア』（創元推理文庫）、O. ヘンリー『新訳 賢者の贈り物・最後のひと葉』（共訳、角川つばさ文庫）など。

和爾桃子（わに・ももこ）

翻訳者。主な訳書にモリアーティ『ささやかで大きな嘘』『死後開封のこと』、カー「アンリ・バンコランシリーズ」（創元推理文庫）、サキ『クローヴィス物語』『けだものと超けだもの』『平和の玩具』『四角い卵』（白水社uブックス）、ファン・ヒューリック「ディー判事シリーズ」（早川書房）、ジョン・コリア『ナツメグの味』（共訳、河出書房新社）など。

夜ふけに読みたい
不思議なイギリスのおとぎ話

2019年3月20日　初版第1刷発行
2020年8月29日　初版第4刷発行

編訳者　吉澤康子、和爾桃子
発行者　下中美都
発行所　株式会社平凡社
〒101-0051　東京都千代田区神田神保町3-29
電話　03-3230-6581（編集）
03-3230-6573（営業）
振替　00180-0-29639

印刷・製本　図書印刷株式会社
デザイン　松田行正、杉本聖士

ISBN978-4-582-83802-2
NDC分類番号388.33　B6判（18.8cm）　総ページ216

落丁・乱丁本のお取り替えは小社読者サービス係までお送りください（送料小社負担）。
平凡社ホームページ　https://www.heibonsha.co.jp/